1

Jean De Lannoy

La Révolution
préparée par la
Franc-maçonnerie

Jean de Lannoy

La Révolution préparée par la Franc-Maçonnerie

1911

Publié par
OMNIA VERITAS LTD

ⒺOMNIA VERITAS

www.omnia-veritas.com

PRÉFACE **7**

CHAPITRE I **15**

LA CONJURATION MAÇONNIQUE AU XVIIIE SIÈCLE 15
    L'Encyclopédie 23
    Suppression des Jésuites 29
    Infiltrations et Libelles impies 35

CHAPITRE II **43**

MYSTÉRIEUX AGENTS 43
    Le comte de Saint-Germain 47
    Cagliostro 52
    L'Initiation de Gagliostro 60
    Le Trésor de guerre 64

CHAPITRE III **75**

COUP D'OEIL EN ARRIÈRE 75
    Origine Templière 84
    Venger les Templiers 90
    Culpabilité des Templiers 100

CHAPITRE IV **113**

PRÉPARATION DE LA VENGEANCE 113
    Période d'exécution 120
    Profanations prédites 125
    Plan de Duport 129
    Les Brigands 132
    Les signes maçonniques 137

CHAPITRE V **143**

EXÉCUTION DE LA VENGEANCE (SUITE). ESTAMPILLE TEMPLIÈRE. 143
    La mort de Louis XVI 149
    La mort de Marie-Antoinette 155
    Haine du trône et de l'autel 159

CONCLUSION **169**

ÉPILOGUE 175

    LA VOCATION DE LA FRANCE 175

PRÉFACE

Que la Révolution ait été préparée par la Franc-Maçonnerie, c'est de quoi cette secte convient généralement aujourd'hui. Elle s'en fait même un titre de gloire, mais en ayant grand soin de séparer la Révolution de la Terreur. Pour elle, la Terreur fut une réaction excessive, mais très excusable, du peuple qui, longtemps accablé par ses tyrans et tout à coup ébloui par la lumière libératrice des principes de 89, vit rouge et se vengea en quelques années d'une oppression de plusieurs siècles. Mais la Révolution, au contraire, fut une œuvre sacro-sainte, une bénédiction, car elle marqua la fin du despotisme et de l'ignorance et fit lever sur le monde l'aurore de la liberté et de la fraternité.

Le livre présent rendra aux esprits sincères le grand service de leur montrer à quel point cette thèse est mensongère et que la Franc-Maçonnerie doit porter la responsabilité des crimes de la Révolution aussi bien que de ses principes.

Il y a encore des catholiques libéraux qui se laissent piper par les formules maçonniques. Ils se réclament de la déclaration des droits de l'homme. Ils vantent les réformes adoptées par les diverses assemblées révolutionnaires. Ils reprochent aux catholiques intransigeants de compromettre la religion par leurs anathèmes contre les institutions modernes et contre le grand fait historique qui enfanta ces institutions. Ils adjurent l'Église de se réconcilier avec la Révolution.

Il y a quelques années, j'avais osé écrire dans une revue : La Révolution est satanique du haut en bas ; les abus qu'elle se vante d'avoir abolis auraient disparu sans elle et les réformes dont on lui fait honneur auraient été accomplies sans elle et beaucoup mieux et sans nous coûter une goutte de sang.

Cette thèse fut un scandale pour certains libéraux. Incorrigibles utopistes, ils défendaient la vieille idole. Ils m'opposaient un livre d'un certain religieux, ami trop candide de Waldeck-Rousseau, qui se moqua de lui et de son Ordre, défenseur naïf de la Révolution qu'il aurait voulu baptiser malgré elle !

Il y a là une étrange erreur. La Révolution, je le répète, est détestable en tout ; elle l'est dans ses excès sanglants, mais elle l'est beaucoup plus dans ses principes, à commencer par les immortels principes de 89. Les meurtres sont passés, ils ne font plus de mal et leurs victimes sont au ciel. Les principes restent, ils sont toujours féconds et leurs victimes vont en enfer. Ils engendrent toutes les erreurs et toutes les anarchies de nos jours.

Sous sa phraséologie pédantesque, la déclaration des droits de l'homme est antichrétienne et par suite antisociale. Elle ignore les droits de Dieu ; elle prétend ouvrir l'ère de la justice et de la vérité, comme si l'Évangile n'existait pas ; elle s'inspire du *Contrat social* qui est une insanité ; elle n'admet pas d'autre autorité que celle qui émane de la nation et par là même rejette celle de l'Église.

En réalité, la Révolution, contrairement à la thèse libérale, fut dirigée beaucoup plus contre la religion que contre la monarchie. Elle n'attaqua la monarchie que parce que celle-ci était catholique, et pour se faire la main en vue d'une guerre plus formidable contre le christianisme. Les abus de l'ancien régime ne furent pour elle qu'un prétexte. Elle en voulait à Dieu. Elle a été le grand frémissement luciférien, prédit dans l'Écriture, contre le Seigneur et contre son Christ.

Les catholiques clairvoyants ont compris ces vérités. Pie IX, Léon XIII, et Pie X n'ont cessé de les proclamer. Louis Veuillot a vécu et il est mort en les défendant.

Il y a environ vingt-cinq ans, M. de Mun voulut, si nos souvenirs sont exacts, fonder un grand parti catholique et l'appeler la Contre-Révolution. C'était une idée très noble et très salutaire. Bien réalisée, elle aurait pu sauver la France, infiniment mieux que l'*Action libérale.* Je ne veux pas me faire contre cette Ligue une arme de l'épithète de *libérale* qu'elle s'est donnée, parce qu'elle ne l'a jamais entendue dans le sens hérétique que l'Église a condamné. Mais il est permis de regretter le choix d'un mot qui, en dépit de toutes les explications, reste malsonnant pour une oreille catholique. Les mots pèsent d'un poids lourd sur les choses ; ils y impriment un caractère. Celui dont la célèbre Ligue s'est malencontreusement embarrassé ne lui a pas porté bonheur et elle doit le regretter aujourd'hui. Si elle a échoué, malgré le talent et le dévouement de ses fondateurs et de ses plus illustres membres, elle doit l'attribuer à ce mot ou plutôt à l'esprit qu'il implique et dont il est impossible de le dégager et de le purifier entièrement.

Le titre que M. de Mun voulait donner au parti de la défense religieuse et patriotique dans notre pays avait une autre allure : il avait un sens autrement profond, autrement chrétien. Il était fier, chevaleresque et attaquait l'ennemi corps-à-corps. Pourquoi le célèbre orateur n'a-t-il pas réalisé un projet qu'il devait chérir et qui eût fait son plus beau titre de gloire devant la postérité ? Nous croyons qu'il a obéi à des motifs qui l'honorent et qu'il s'est sacrifié lui-même en sacrifiant son idée. Mais il est permis de déplorer les influences qui l'ont acculé à cette dure nécessité. On ne retrouvera plus d'ici longtemps un homme de sa valeur, capable de reprendre l'œuvre qu'il avait rêvée.

La Contre-Révolution, ce serait le salut, parce que ce serait la vérité intégrale. Qui nous délivrera des demi-vérités ?

À défaut d'un parti politique qui porterait ce nom ou du moins en adopterait le programme, ou en attendant ce parti, nous appelons de tous nos vœux une *école catholique* qui réunirait tous les esprits droits dans la guerre contre la Révolution.

Le livre si curieux et si intéressant de M. de

Lannoy contribuera, nous l'espérons, à préparer cette école en montrant la main de la secte maçonnique dans les crimes de la Terreur. Il se compose de plusieurs articles parus en 1910 dans la revue l'*Idéal* et qui ont été très remarqués. De bons esprits ont jugé que leur publication en un volume serait une bonne œuvre. Je pense qu'elle le sera doublement, parce qu'elle combat à la fois deux ennemis de Dieu et de la France, la Maçonnerie et la Révolution.

STÉPHEN COUBÉ.

CHAPITRE I

La Conjuration maçonnique au XVIIIe siècle

La Révolution française a eu pendant cent ans le singulier privilège d'être considérée comme « Tabou » par la majorité des Français.

Depuis M. Clemenceau, l'homme du « Bloc », jusqu'à nombre de réactionnaires les plus « ancien régime », tous, à bien peu d'exceptions près, s'inclinaient respectueux devant l'Idole révolutionnaire. On aurait pu dénombrer les héros capables de jeter l'anathème à ce mouvement prétendu général, spontané, issu de l'âme même de la nation !

C'est que le « Bloc » avait bénéficié jusque-là de l'auréole, du prestige qui lui furent décernés par des historiens d'une impartialité douteuse, dont le lyrisme débordant avait parfois masqué la fausseté de la thèse.

On l'a dit, et rien n'est plus vrai à l'époque actuelle : « L'histoire est le plus souvent un complot contre la vérité. »[1]

Mais voici que, depuis quelques années, un revirement s'est produit : des écrivains, au nombre desquels figurent nombre d'antimaçons, se sont appliqués à dégager « l'inconnue », l'X de ces événements inexplicables. « La

---

[1] Les manuels scolaires, propagateurs de « mensonges historiques » sans nombre, en sont la preuve flagrante.

Révolution est satanique », [2] avait dit, le premier, Joseph de Maistre. Parole profonde, lueur fulgurante projetée d'un mot par le remarquable penseur, formule qui, plus qu'on ne le pense, est à prendre au pied de la lettre.

Et, en effet, aucun historien n'a pu donner une explication plausible de ce mouvement en apparence national, en réalité purement superficiel et factice.

En 1789, les ennemis de la religion et de la monarchie se chiffrent par un nombre infime. Taine constate que les révolutionnaires ne sont élus que grâce à des abstentions inimaginables : 74.000 abstenants à Paris en 1791 sur 81.000 électeurs ; à Limoges, 2.350 sur 2.500 inscrits; à Grenoble, 3.000 absents sur 2,500, etc.

_____

[2] *Considérations sur la France.*

De même que la population, dans son ensemble, était restée profondément royaliste, de même le respect de la religion était général ; le peuple était foncièrement catholique.

Ainsi, en pleine Terreur, au moment où on massacrait les prêtres, on voyait la multitude « accourir de toutes parts pour se jeter à genoux, tous, hommes, femmes, jeunes et vieux, se précipitant en adoration » au passage d'un prêtre portant le viatique.[3]

---

[3] Le jour où la châsse de Saint-Leu est conduite en procession rue Saint-Martin, « tout le monde se prosterne : je n'ai pas vu, dit un spectateur attentif, un seul homme qui n'ait ôté son chapeau. Au corps de garde de la section Mauconseil, toute la force armée s'est mise sous les armes. » En même temps, « les citoyennes des Halles se concertaient pour savoir s'il n'y aurait pas moyen de tapisser. Dans la semaine qui suit, elles obligent le Comité révolutionnaire de Saint-Eustache à autoriser une autre procession, et cette fois encore, chacun s'agenouille... » (Cité par M. Talmeyr, *La F∴-M∴ et la Révolution française.*)

De tels contrastes sont singulièrement déconcertants pour qui ne possède pas la clé de ces événements.[4]

Au contraire, le mystère s'éclaircit, devient parfaitement explicable lorsque l'on a mis à nu le « truquage » des faits, [5] lorsque l'on a démasqué le moteur secret qui a préparé, machiné la tragédie, lorsque l'on connaît la mystérieuse puissance qui, en possession de

---

[4] Il en est de même pour la plupart des Révolutions ; elles sont l'œuvre d'une faction, d'une minorité organisée maçonniquement. À propos de la Révolution du Portugal, la *Saturday Review* vient d'écrire : « *Cinq cents policemen auraient eu raison de cette canaille !* »

[5] M. Gautherot, professeur à l'Institut Catholique, a démontré le « truquage » des cahiers de 1789. Après avoir consulté les archives provinciales, il a démasqué cette vaste mystification, cette énorme tricherie, qui donne l'explication de l'unanimité de ces cahiers, œuvre concertée des intellectuels, des philosophes, des rabins, agents, jusque dans les moindres villages, des comités révolutionnaires, dont la direction était à Paris.

l'opinion publique, maîtresse des avenues du pouvoir, ayant à sa discrétion les chefs les plus insoupçonnés, déclencha et précipita à son gré ce drame national.

Disraeli, qui s'y connaissait, a écrit dans *Coningsby* cette phrase toujours d'actualité : « Le monde est gouverné par tout à fait d'autres personnages que ne se l'imaginent ceux qui ne se trouvent pas derrière les coulisses. » (VI, ch. xv.)

Nous voudrions, dans une étude forcément sommaire, vu l'étendue du sujet où les documents intéressants abondent, pénétrer « derrière les coulisses », et montrer sous son vrai jour cette Révolution, inexplicable pour l'historien, cette « anarchie *spontanée* » ! préparée tout au contraire de longue date, par les sectes maçonniques, voulue, préméditée pour des raisons en général ignorées du public, mais que des écrivains *initiés* ont données ou seulement indiquées, dans des livres réservés à un cercle restreint d'adeptes.

C'est à la suite de longues et patientes recherches, de découvertes savamment conduites, que des antimaçons parvinrent à constituer de vraies bibliothèques d'écrits secrets émanant de F.·.-M.·., autorisés.

Ils arrivèrent à reconstituer la conjuration formidable qui, au cours du XVIIIe siècle, parvint à « maçonniser » la société française.

Pour *écraser l'Infâme,* selon l'expression de Voltaire, pour arriver à anéantir la foi et à briser le trône, il fallait s'emparer, tout d'abord, de l'opinion publique ; l'Encyclopédie fut le premier moyen employé par les conjurés pour « miner sourdement et sans bruit l'édifice et l'obliger à tomber de lui-même », comme l'écrivait, le 13 août 1775, Frédéric II à Voltaire.

L'ENCYCLOPÉDIE

L'Encyclopédie, annoncée comme le trésor le plus complet de toutes les connaissances humaines, avait un objet absolument secret : elle devait *insinuer* l'erreur, l'impiété, être un immense dépôt de tous les sophismes, de toutes les calomnies, le tout adroitement présenté. La religion devait paraître respectée, mais grâce à l'art des renvois : Voyez *préjugé,* voyez *superstition,* voyez *fanatisme,* on détruisait d'un sarcasme ou d'une épigramme, les quelques bribes de vérité laissées par endroit pour mieux tromper sur le but réel de l'ouvrage. D'Alembert excellait dans ces sortes de ruses. Diderot, plus hardi, laissait quelquefois éclater toute son impiété ; mais quand celle-ci apparaissait trop crûment, d'Alembert, réviseur général, retouchait l'article, retranchant parfois, ajoutant souvent quelque terme habile, destiné à masquer la violence et l'impiété de la thèse. Il tempérait de même le zèle de Voltaire qui lui écrivait le 9 octobre 1755 : « Ce qu'on me dit des articles de la théologie et de la métaphysique me serre le cœur : *il est bien cruel* d'imprimer le contraire de ce que l'on pense. » Mais d'Alembert répondait le 16 juillet 1762 : « Le genre humain n'est aujourd'hui si éclairé que parce qu'on a eu la précaution ou le bonheur de ne l'éclairer que *peu à peu.* » Voltaire se rendait cependant aux raisons de son complice et se consolait en pensant « qu'il y a d'autres articles moins au jour où *tout est réparé !* »

Et habilement il ajoutait : « Pendant la guerre des Parlements et des évêques, les philosophes auront beau jeu. Vous aurez le loisir de farcir l'Encyclopédie de *vérités* qu'on n'aurait pas osé dire il y a vingt ans. » (13 novembre 1756).[6]

Voltaire attachait la plus grande importance à la

---

[6] Voltaire et d'Alembert, dans leurs lettres, se saluent en Belzébuth et en Lucifer (juin-août 1760).

D'Alembert écrit à Voltaire : « Il est évident, comme vous dites, que l'ouvrage (le Dictionnaire philosophique) est de différentes mains : pour moi, j'en ai reconnu quatre, celle de Belzébuth, d'Astaroth, de Lucifer et d'Asmodée. »

Diderot écrivait en 1768 : « Il pleut des bombes dans la maison du Seigneur ; ce sont mille diables déchaînés. » D'après le témoignage de Mercier, il s'échauffait parfois jusqu'à la fureur, et s'écriait : « Le genre humain ne sera heureux que quand on aura étranglé le dernier roi avec les boyaux du dernier prêtre. » (Voir *Éleuthéromanes* et *Pensées.)*

Oui, la Révolution est bien « satanique ! »

Nous ne pouvons reproduire certains extraits de cette correspondance, qui sont d'une impudeur et d'une lubricité révoltantes.

Ainsi Voltaire reconnaissait comme vraie divinité de ce monde le Lingam, symbole le plus obscène des Hindous, que d'Alembert appelait *Dieu le père !*

À noter : que tous les *philosophes* étaient affiliés aux Loges dès le commencement (d'Estampes, *F.·.M.·. et Révolution*, p. 177).

rédaction de l'Encyclopédie, en faisant dépendre le succès de sa conspiration. « Je m'intéresse bien à une *bonne* pièce de théâtre, écrivait-il à Damilaville, mais j'aimerais encore mieux un bon livre de philosophie qui écrasât pour jamais *l'Infâme! Je mets toutes mes espérances dans l'Encyclopédie.* » (23 mai 1764.)

Progressivement, le véritable caractère de l'ouvrage s'affirma plus nettement. Une foule d'auteurs y coopérèrent et Diderot lui-même en fait une peinture suggestive : « Toute cette race détestable de travailleurs, qui ne sachant rien, mais se piquant de tout savoir, cherchèrent à se distinguer par une universalité désespérante, se jetèrent sur tout, brouillèrent tout, gâtèrent tout, et firent de ce prétendu dépôt des sciences, un gouffre où des espèces de chiffonniers jetèrent pêle-mêle une infinité de choses mal vues, mal digérées, bonnes, mauvaises, incertaines et toujours incohérentes. » (Barruel, t. I.)

L'aveu de Diderot est certes précieux quant à l'œuvre elle-même, mais ce qui ne l'est pas moins, c'est la confession qu'il fait de l'art véritable qu'il fallut déployer pour insinuer tout ce qui ne pouvait être écrit sans ménagements infinis, pour saper en un mot tous les *préjugés*, selon le jargon maçonnique, sans qu'on s'en aperçût.

Une fois l'ouvrage lancé, on s'enhardit peu à peu, et les nouvelles éditions en affichèrent de plus en plus ouvertement l'impiété.

Tel fut donc le premier moyen des conjurés pour s'emparer de la mentalité de l'époque.

Le second consista dans la suppression des Jésuites, que Frédéric II appelait « les gardes du corps du Pape ». (154ᵉ lettre à Voltaire, 1767.)

SUPPRESSION DES JÉSUITES

Les Jésuites occupaient la première place dans l'enseignement, leurs maisons d'éducation répandues sur tout le territoire formaient une jeunesse fidèle à l'Église et à la monarchie. Toutes les haines accumulées de la maçonnerie, des philosophes et des diverses sectes devaient donc se déchaîner contre eux, en vertu d'un plan qui avait été tracé par le ministre d'Argenson, grand protecteur de Voltaire, plan dont Frédéric II poursuivait activement la réalisation. (Lettre de Voltaire, 8 octobre 1743.)

En 1752, un grand seigneur anglais franc-maçon conseillait à un Jésuite qu'il avait pris en affection — le Père Raffay, professeur de philosophie à Ancône — de quitter l'Ordre et de se procurer un état, car, avant peu, *et sûrement avant vingt ans,* sa Société devait être détruite. Comme le Jésuite, surpris d'une telle assurance, lui demandait de quels crimes son Ordre était accusé : « Ce n'est pas, reprit le F∴-M∴, que nous n'estimions bien les individus de votre corps, mais l'esprit qui l'anime contrarie nos vues *philanthropiques sur le genre humain !* En assujettissant, au nom de Dieu, tous les chrétiens à un Pape et tous les hommes à des Rois, vous tenez l'univers à la chaîne. Vous passerez les premiers, après vous, les *despotes* (les Rois) auront leur tour. » (Proyart, *Louis XVI détrôné avant d'être roi,* p. 160).

De même Voltaire écrivait : « Pour les Jésuites... la France va être incessamment *purgée* desdits Frères. » Il aurait voulu « envoyer chaque Jésuite dans le fond de la mer avec un Janséniste au cou ». (Lettre à Chabanon.)

Le duc de Choiseul et la fameuse courtisane la marquise de Pompadour, qui régnaient alors en réalité sur la France, avaient tous les secrets des conjurés sophistes, par cela seul qu'ils avaient celui de Voltaire. (Lettre de Voltaire à Marmontel, 13 août 1760.)

Ils étaient sous la tutelle absolue des philosophes, comme le reconnaît M. de Saint-Priest, panégyriste de Choiseul.

Bien plus, au-dessus du salon de Mme de Pompadour, était un entresol qu'habitait le médecin encyclopédiste Quesnay : « C'était là, raconte Marmontel, que nous nous réunissions, Diderot, d'Alembert, Duclos, Helvétius, Turgot, etc., etc., et que Mme de Pompadour venait causer familièrement avec nous, quand elle ne pouvait nous engager à descendre dans son salon. » *(Mémoires, t. II)*

Ce fut de ces réunions qu'on fît parvenir à Louis XV et circuler dans le public des *Mémoires,* grâce auxquels s'infiltraient insensiblement à la

Cour, dans l'aristocratie et la masse de la nation, le venin maçonnique et les volontés secrètes des conjurés.

On ne peut se faire une idée du nombre incalculable de libelles, de pamphlets, d'histoires, de brochures contre les Jésuites qui furent répandus en France, en Portugal, en Espagne, en Italie, dans l'Europe entière. Les textes, les traductions, les vœux, les règles et constitutions étaient truqués ou inventés. Le calviniste Sismondi ne peut s'empêcher de le reconnaître : « Le concert d'accusations et le plus souvent de calomnies que nous trouvons contre les Jésuites dans les écrits de ce temps a quelque chose d'effrayant ! » *(Histoire de France,* t. XXIX.)

C'était le mot d'ordre donné déjà par Calvin : « *Jesuitae vero qui se maxime nobis opponunt aut* necandi, *aut si hoc commode Jieri non potest* ejiciendi, *aut certe* mendaciis *et* calumniis *opprimendi sunt*[7]. »

Outre Choiseul, pour la France, Pombal, d'Aranda, le duc d'Albe, Bernardo Tanucci furent les exécuteurs des volontés des Loges, en Portugal, en Espagne et à Naples.

Ainsi fut obtenue la suppression des Jésuites.

L'Ordre fut spolié de ses biens, d'ailleurs sans aucun profit pour le Trésor. « Rien ne revint au roi de cette liquidation. » Tout fut absorbé en frais de procédure ! (Nos liquidateurs modernes se bornent donc à respecter scrupuleusement les traditions de leurs devanciers !) Les premiers frais de justice pour un seul collège dépassèrent 50.000 francs. Le recouvrement pur et simple d'une somme de 500 francs comporta 600

---

[7] Deschamps : les *Sociétés secrètes et la Société,* t. II, p. 49.

francs de frais. À peine les biens furent-ils entre les mains des séquestres qu'ils devinrent insuffisants pour payer la pension indécemment modique qui avait été promise aux religieux. En revanche, on remarqua que presque partout les messieurs du Parlement chargés de cette liquidation s'enrichirent subitement. Les secrétaires de ces commissions achetèrent à cette époque, presque tous, des charges qui les anoblirent. (Voir Saint-Victor, *Pombal, Choiseul,* et Lallemand, *Choix de rapports,* Paris 1818.)

L'histoire est un éternel recommencement, et les F∴-M∴, on le voit, sont toujours *pratiques.*

Infiltrations et Libelles impies

Les Jésuites supprimés, les conjurés préparèrent l'extinction de tous les corps religieux ; puis d'Alembert s'attacha à peupler l'Académie française de ses amis et créatures. Grâce à Choiseul et à la Pompadour unis à Voltaire, l'Académie fut métamorphosée peu à peu en club d'impiété. « Elle infecta les gens de lettres et les gens de lettres infectèrent l'opinion publique, en inondant l'Europe de ces productions que nous allons voir devenir, pour les chefs, un des grands moyens de préparer les peuples à une apostasie générale. » (Barruel, *Mémoires pour servir à l'histoire du Jacobinisme,* t. I.)

Et en effet, sous la haute direction de Voltaire, s'imprimaient à l'étranger, spécialement en Hollande, des milliers de libelles sarcastiques et calomnieux au moyen desquels les philosophes cherchaient à écraser l'*Infâme* sous le ridicule. « Je ne vous demande que cinq à six bons mots par jour, écrivait Voltaire à d'Alembert ; cela suffît. *Il* ne s'en relèvera pas. » Grâce à Choiseul, grâce surtout à Malesherbes, qui avait la surintendance de la librairie, et qui était en parfaite intelligence avec d'Alembert, tous ces écrits circulaient en violation de la loi, et propageaient à travers le pays toutes les erreurs du philosophisme.

Non contents de pervertir le peuple et spécialement la jeunesse, les conjurés s'efforcèrent et réussirent souvent à placer auprès des jeunes princes, même à l'étranger, des éducateurs de leur choix.[8] Ils osèrent même

---

[8] « Il me paraît que l'enfant Parmesan (l'Infant de Parme) sera bien entouré. Il aura un Condillac, un de Leire. Si, avec cela, il est bigot, il faudra que la grâce soit forte. » (77ᵉ lettre de Voltaire à d'Alembert.)

proposer à un prêtre la place d'instituteur du Dauphin (Louis XVI), à condition qu'en lui enseignant le catéchisme, il aurait soin de lui insinuer que toute la doctrine religieuse et ses mystères n'étaient que des préjugés auxquels il ne devait pas croire. « Ce prêtre répondit qu'il ne savait pas faire fortune au prix de son devoir » (Barruel).

Frédéric II, Joseph II, Catherine de Russie, Christian VII, de Danemark, Gustave III, de Suède, Poniatowski, de Pologne, et nombre de princes correspondaient avec Voltaire et subissaient la néfaste influence des encyclopédistes. Ils étaient des adeptes « protecteurs ».

En France, les conjurés ne se contentèrent pas d'enrôler sous leurs bannières des ministres, des magistrats, des personnages influents, de pénétrer dans les séminaires et de former à leur manière des prêtres et des religieux, ils voulurent encore spécialement, nous l'avons dit, gagner le menu peuple. À cet effet, les marchands forains, les colporteurs étaient abondamment fournis de ballots de livres et de brochures qu'ils recevaient gratuitement avec mission de les répandre sur tout le territoire.

Ce n'étaient que pamphlets calomnieux, mensongers et impies, dus à Voltaire, Diderot, d'Alembert, Helvétius, Turgot, Condorcet, La Harpe, Lamoignon, Damilaville, Thiriot, Saurin, d'Argental, Grimm, d'Holbach et autres philosophes.

La conjuration s'étendit progressivement partout ; les instructions de Weishaupt, fondateur de l'*illuminisme,* furent suivies à la lettre : « Il faut à l'Ordre des artistes, des ouvriers en tout genre, des peintres, des graveurs, des orfèvres, des serruriers, mais surtout des libraires, des *maîtres de poste* et des *maîtres d'école*.[9] Il (le Frère insinuant) saura par la suite l'usage que l'*Illuminisme* doit faire de tout ce monde-là. »

C'est à l'hôtel du baron d'Holbach que se composaient ou se corrigeaient les infâmes libelles dont nous parlons ci-dessus. M. Leroy, lieutenant des chasses de Sa Majesté, l'avoua en septembre 1789, avec des sanglots et des remords cuisants, au cours d'un dîner qui était donné chez M. d'Angevilliers : « Oui, j'y ai contribué (à la Révolution). J'étais le secrétaire du comité auquel vous la devez ; j'en mourrai de douleur et de honte... Nos principaux membres étaient d'Alembert, Turgot, Condorcet,

---

[9] « Qui tient l'école tient le monde », ont dit Pascal et Leibnitz. Le F.˙. Jean Macé, fondateur de la Ligue maçonnique de l'Enseignement, déclarait de même : « Qui tient les écoles tient tout. »

Diderot, La Harpe et ce Lamoignon, garde des sceaux, qui, lors de sa disgrâce, s'est tué dans son parc... Voici quelles étaient nos occupations : la plupart de ces livres que vous avez vu paraître depuis longtemps contre la religion, les mœurs et le gouvernement, étaient notre ouvrage... Nous les révisions, nous ajoutions, nous retranchions, nous corrigions... L'ouvrage paraissait ensuite sous un titre et un nom que nous choisissions pour cacher la main d'où il partait... Nous les envoyions (ces livres) à des libraires ou à des colporteurs qui, les recevant pour rien ou presque pour rien, étaient chargés de les répandre ou de les vendre au peuple au plus bas prix. Voilà ce qui a changé ce peuple et l'a conduit au point où vous le voyez aujourd'hui. Je ne le verrai pas longtemps. J'en mourrai de douleur et de remords. »

Bref, le complot était si habilement formé, la

conjuration s'étendait à tel point sur toutes les classes de la société, que le comte de Virieu, terrifié, déclara au comte de Gilliers, en quittant la Secte : « Je ne vous révélerai pas ce qui s'est passé (au Congrès des Illuminés à Wilhelmsbad en 1782); ce que je puis seulement vous dire, c'est que tout ceci est autrement sérieux que vous ne pensez. La conspiration qui se trame est si bien ourdie et si profonde qu'il sera pour ainsi dire *impossible à la monarchie et à l'Église d'y échapper.* » (Cité par le marquis Costa de Beauregard, *Souvenirs d'un royaliste.* Voir aussi Barruel).

Ainsi, le roi était circonvenu par des courtisans et des ministres acquis à la secte, la magistrature contaminée, l'Ordre des Jésuites détruit, le clergé entamé, l'enfance éduquée par des maîtres d'école affiliés, le peuple empoisonné par une littérature mensongère et impie : la haute société légère, frivole, devait, elle aussi, être le jouet de deux personnages mystérieux, le comte de Saint-Germain et Cagliostro, qui eurent à remplir leur rôle dans la préparation du chambardement général.

CHAPITRE II

Mystérieux agents

Que n'a-t-on pas dit au sujet de ces personnages étranges : le comte de Saint-Germain et Joseph Balsamo (plus tard comte de Cagliostro) qui — environnés de prodiges équivoques, d'un charlatanisme audacieux, entremêlés parfois de prestiges démoniaques, — parcoururent l'Europe entière avant la Révolution ? La légende s'en est emparée, ajoutant au caractère énigmatique de ces êtres extraordinaires. Ils furent accueillis, adulés par cette société sceptique du XVIIIe siècle ; ils éblouirent toutes les capitales ; et devant les impostures de ces charlatans, chacun s'émerveillait ; personne ne mettait en doute la véracité de leurs propos bizarres et souvent mensongers.

Et, cependant qu'ils séduisaient et ensorcelaient la haute société au moyen de leurs fantastiques fêtes et soupers et de leurs pratiques magiques, Saint-Germain organisait les clubs et, de son or intarissable, préparait l'émeute ; Cagliostro, « le grand Cophte », tramait l'affaire du collier, où devait sombrer le prestige de la royauté.[10] Tous

---

[10] « Ceux qui prirent quelque intérêt à l'affaire du Collier peuvent se rappeler la Loge égyptienne établie à Paris par Cagliostro et la scène plaisante de fantasmagorie préparée pour *illuminer* le cardinal de Rohan. » (Cadet de Gassicourt, *Tombeau de Jacques Molay,* An 5, in-8, p. 46).

À Strasbourg, Cagliostro exerce un empire absolu sur le cardinal de Rohan. Sa femme l'avait aidé à obtenir ce résultat. « Je veux, lui avait-il dit, m'emparer de sa tête ; tu feras le reste. » C'est par suite de ses relations avec ce prélat qu'il fut compromis dans l'affaire du collier, mis à la Bastille, acquitté par le Parlement,

deux, d'après Cadet de Gassicourt, étaient les ambassadeurs de la Haute Maçonnerie, ou si l'on veut, des missionnaires internationaux, spécialement chargés d'établir une correspondance entre les divers chapitres : Saint-Germain était l'envoyé de Paris ; Cagliostro celui de Naples.[11] Ce dernier était « l'agent voyageur du double Illuminisme français et allemand, auquel l'avait initié saint-Germain » (Deschamps, *Sociétés Secrètes et la Société*, II). « Il était doué de puissants moyens de séduction ; il fut décidé qu'on se servirait de lui. » (F∴ Louis Blanc).[12]

---

faute de preuves, et renvoyé de France par ordre de Louis XVI. » (F.∗. Clavel, *Hist. pittoresque de la F.-M.*, p. 175.)

On lira aussi avec grand intérêt le chapitre III de *Marie-Antoinette et le complot maçonnique* par Louis Dasté, p. G9-119.

[11] *Tombeau de Jacques Molay,* Paris, An 5, in-12, p. 46.

[12] À cette époque, l'engouement du jour, voire même la caricature, trouvèrent l'occasion de se donner libre cours au

moyen de la mode. De là, l'excentricité des coiffures de femmes, chapeaux, bonnets et « poufs » ; il y avait des *poufs à la circonstance,* des *poufs à l'inoculation,* etc., d'un symbolisme extravagant. On porta des gilets *aux notables,* des costumes dits des *trois ordres réunis.* Plus tard, ce furent les coiffures *à la sacrifiée,* les bonnets *à la lucarne,* allusion macabre à l'appareil cher au F.'. Guillotin ; aux oreilles pendirent même de petites guillotines avec une tête couronnée et coupée ! L'affaire du collier ne manqua pas d'être exploitée par la mode, contre la monarchie :

« En apprenant que le cardinal de Rohan était à la Bastille, les modistes de Paris inventèrent, pour persifler la reine, un chapeau dit *à la Cagliostro,* ou au *Collier de la reine.* Il était aux couleurs, du cardinal et en paille : on l'appela *chapeau couleur du cardinal sur la paille.* Pour apitoyer le public sur son sort, on faisait courir le bruit que l'Éminence couchait sur la paille dans sa prison. Ce chapeau était, en outre, orné d'un collier rappelant celui de Boëhmer. » (V. *La névrose révolutionnaire* par les Dr Cabanes et Nass, p. 356.)

LE COMTE DE SAINT-GERMAIN

De Saint-Germain, nous dirons peu de chose. Les lecteurs que ce personnage mystérieux intéresserait pourraient utilement se reporter à l'étude documentée que lui a consacrée M. Gustave Bord dans le tome I de son savant ouvrage : *La F.-M.∴ en France* (p. 307). « Est-il Portugais, Espagnol, Juif, Français ou Russe ? nul ne peut le dire avec preuves à l'appui. » Le F.∴ Clavel *(Histoire pittoresque de la F.-M.∴)* le dépeint en quelques lignes : « C'est ainsi, écrit-il, qu'un intrigant, appelé dans le monde le comte de Saint-Germain, se vit entouré d'une vogue extraordinaire. Il se donnait deux mille ans d'âge et racontait avec une bonhomie parfaite qu'aux noces de Cana, il s'était trouvé à table à côté de Jésus-Christ. Admis dans les Loges, il y vendait un élixir qui procurait l'immortalité ! » Barruel (t. V) raconte que

Saint-Germain présidait la Loge des Illuminés constituée au château d'Ermenonville, près Paris. Là, dans ce fameux repaire de l'Illuminisme, auprès du tombeau de Jean-Jacques, régnait la plus horrible dissolution de mœurs. « Toute femme admise aux mystères devenait commune aux Frères. » Pratique d'ailleurs conforme aux théories et plans de Weishaupt.[13] M. Bord (p. 324) fait, à la vérité,

---

[13] « L'ordre aura deux classes (de femmes) formant chacune leur société, ayant même chacune leur secret à part. La première sera composée de femmes vertueuses ; la seconde de femmes volages, légères, voluptueuses. Les frères, chargés de les diriger, leur feront parvenir leurs leçons sans se laisser connaître. Ils conduiront les premières par la lecture des *bons* livres et les autres en les formant à l'art de satisfaire secrètement leurs passions.

« ... Cet établissement servirait de plus à satisfaire ceux des Frères qui ont du penchant pour les plaisirs. » *(Écrits originaux de Weishaupt.)*

Cadet de Gassicourt s'exprime en ces termes à propos de la Loge égyptienne, établie par Cagliostro : « Ce n'était qu'un mauvais lieu, où des actes de débauche étaient précédés de cérémonies

des réserves sur l'authenticité des orgies d'Ermenonville, que Barruel relate d'après le rapport de personnes qui, dit-il, en étaient exactement instruites. Ce dernier ajoute même — ce qu'il s'est longtemps refusé à croire — que Saint-Germain avait, comme d'ailleurs les chefs des Illuminés, sa *liste noire où* étaient inscrits les Frères.∴ *suspects,* et sa *liste rouge,* liste de sang sur laquelle figuraient les traîtres à l'ordre ou ceux qui cherchaient à s'affranchir du joug des Loges. Le chevalier de Lescure en fit la triste expérience. « Il voulait renoncer à cette affreuse association, peut-être même aussi la dévoiler. Un poison mortel fut bientôt versé dans son breuvage, et il n'ignora pas la cause de sa mort » (Barruel, V, p. 76).

Guaita, dans le *Temple de Satan,* s'étonne lui

---

lascives et de quelques signes maçonniques » (p. 193).

aussi de voir qu'en plein XVIIIe siècle, dans une société à ce point sceptique et malicieuse, des individus comme Saint-Germain aient pu être accueillis, choyés, adulés.

« Rien n'est plus vrai cependant. Saint-Germain, racontant d'une voix mélodieuse et toujours égale ses conversations avec Pythagore, Virgile et Jésus-Christ, n'était assurément pas pour déplaire ; et quand ses doigts chargés de bagues, courant sur les touches d'un clavecin, éveillaient comme au cœur de l'instrument des accords d'un archaïsme étrange et poignant : si à l'interrogation tacite de quelque belle duchesse, il jetait du ton le plus naturel cette réponse à tout le moins bizarre : C'est là, Madame, un air que je notai vers l'an 2.008 avant Jésus-Christ, dans la ville d'Erech, pour faire ma cour à une jeune princesse de Chaldée », chacun s'émerveillait, mais nul n'avait le mauvais goût de mettre en doute la véracité du conteur ! » (p. 301).

Cagliostro

Cependant le plus habile de tous les imposteurs, de tous les charlatans qui se répandirent alors dans les Loges et dans la société, fut, nous dît Clavel, Joseph Balsamo, connu à Paris sous le nom de Cagliostro et à Venise sous celui de marquis de Pellegrini. Né en Sicile en 1748 de parents obscurs, il eut une jeunesse déréglée qu'il déshonora par des escroqueries.

« Cagliostro,[14] cet homme étonnant qui a joué tant de personnages, qui s'est annoncé tour à tour pour alchimiste égyptien, pour fils du grand-maître de Malte et de la princesse de Trébisonde, pour prophète venu de La Mecque, pour empirique Rose-Croix ou immortel, qui a

---

[14] Voir Le Couteulx de Canteleu : *Sectes et Sociétés secrètes.* La vie et le rôle de Cagliostro, l'affaire du Collier y sont fort bien exposés (p. 171-193).

erré de contrée en contrée, de tréteaux en tréteaux, de bastille en bastille, qui a fait un peu de bien (?) au monde, mais encore plus de dupes, est un des plus actifs et des plus dangereux initiés. Non seulement il préparait la révolution française, mais il avait l'audace de l'annoncer. » (Cadet de Gassicourt, p. 47.)

Pratiquant la cabale, l'alchimie, les secrets médicinaux et magiques, Cagliostro parcourut l'Allemagne, l'Italie, l'Espagne, l'Angleterre, le Holstein, la Courlande, séjourna à Saint-Pétersbourg, présidant ouvertement ou secrètement les loges, et en fondant partout de nouvelles. Il quitta la Russie après y avoir créé des ateliers maçonniques, dont Catherine II se constitua la « protectrice ». Non contente de lui avoir procuré cet appui moral, l'impératrice fit encore un don de 20.000 roubles à Cagliostro ; ce dernier partit pour Strasbourg, après un séjour en Prusse qui lui valut un brevet de colonel délivré par le roi. Sur tout son parcours il fondait des loges et s'acquittait de sa mission de *voyageur* international en recrutant de nouveaux adeptes. De Strasbourg, il passe à Lyon, où il est reçu avec les plus grands honneurs ; puis à Bordeaux, où il demeure onze mois pour y organiser la maçonnerie.

Il revient à Paris pour la deuxième fois, y fonde des loges de femmes, réunit 72 ateliers dans une séance solennelle où il éblouit les assistants par son éloquence et ses prestiges.

Incarcéré à la Bastille pour ses intrigues dans l'affaire du collier, puis rendu à la liberté, mais exilé, il continua son œuvre à Londres ; enfin poursuivi par des créanciers, il s'enfuit, traversa l'Allemagne, s'arrêta à Bâle pour y fonder la loge-mère du pays helvétique, passa en Italie, où Turin, Roveredo, Trente, Vérone furent témoins de son activité maçonnique.

Rome devait être le terme de ses voyages et de sa vie mouvementée.

À Paris, Cagliostro fut mis — nous allons voir comment — en rapports étroits avec les Frères.·. de la loge de la rue de la Sourdière,[15] où se rendait souvent aussi le comte de Saint-Germain. Ce club réputé comptait de 125 à 130 Illuminés, dont le fameux Savalette de Lange[16] était le chef. Ce dernier, chargé par Louis XVI de la garde du Trésor royal, était en même temps l'âme de tous les complots, de tous les mystères : c'est lui qui dirigeait le *Comité secret*

---

[15] En 1781, les *Amis Béants* s'assemblaient, 7, rue Royale-Montmartre (rue Pigalle) ; mais leurs Chapitres étaient convoques, 3, rue de la Sourdière. *(La F.·.-M.·. en France* de G. Bord, t. I, p. 273).

[16] Sur les divers Savalette de Lange, consulter la *F.-M, en France,* t. I, de G. Bord, p. 342.

des Amis Réunis, dont le siège était à un étage au-dessus de la célèbre loge du même nom et où se rendaient les voyageurs internationaux des branches supérieures de la Maçonnerie. La loge des Amis Réunis comptait plus de 150 voyageurs ou correspondants répandus sur la surface du globe. C'est dans ce sanctuaire, gardé par deux Frères.·. Terribles, munis de leurs épées, qu'étaient renfermées les archives de la correspondance internationale secrète. Nul frère.·. ne pouvait y pénétrer s'il n'était pas *maître de tous les grades philosophiques,* c'est-à-dire lié par les plus exécrables serments, s'il n'avait pas juré haine à tout culte et à tout roi.

Or, Savalette de Lange invita, par une députation spéciale, Cagliostro à se rendre au club de la rue de la Sourdière. C'est là que notre charlatan devint un vrai conjuré : il apprit à y connaître, dans ses détails, la Révolution, dont il avait été jusqu'alors le prophète. C'est encore là qu'il reçut sa mission pour aller préparer cette Révolution à Rome même.

Tous ces détails sur la loge de la rue de la Sourdière ont été connus grâce aux confidences faites par M. de Raymond, directeur des postes à Besançon, à un de ses amis, qui refusa de se laisser affilier. M. de Raymond avait fait partie de la députation envoyée à Cagliostro par Savalette de Lange. (Barruel, t. V.)

L'activité de Balsamo ne connaît plus alors de mesure. Non seulement, il parcourt le monde en accomplissant ses missions, mais encore il écrit ; il ose maintenant annoncer les événements qu'il contribue à provoquer.

En effet, de Londres, il adresse le 20 juin 1876 une *Lettre à un Français,* où il prédit une partie des faits qui se produisirent trois ans plus tard ;

en même temps il préparait un mouvement révolutionnaire en Angleterre *(Morning Herald,* nov. 1786).

À Londres, également, il composa une brochure intitulée : *Lettre au Peuple Français,* dans laquelle il prêchait ouvertement la révolte. Il y annonçait en outre que la *Bastille serait détruite* et deviendrait un lieu de promenade.

Son pouvoir prophétique, de même que celui de l'initié, du martiniste Gazotte, [17] tenait

---

[17] Voici d'après l'occultiste célèbre Éliphas Lévi, l'ex-abbé Constant, l'explication du fameux dîner prophétique de Gazotte donné chez le duc de Nivernais en 1788 ; Gazotte y avait révélé la mort, sur l'échafaud, des personnes présentes ; lui-même y avait prophétisé sa propre fin :

« La Harpe, dit-il, en le racontant (tome I» Œuvres posthumes), a cédé au désir assez naturel d'émerveiller ses lecteurs en amplifiant les détails. Tous les hommes présents à ce dîner étaient des initiés et des révélateurs, ou du moins des *profanateurs de mystères.* Gazotte, plus élevé qu'eux tous sur l'échelle de

simplement à ce que les principaux événements de la Révolution étaient réglés par avance : la destruction de la *Bastille,* le roi au *Temple,* les *Jacobins,* la *mort* de Louis XVI, les atrocités *d'Avignon,* les statues des *rois* abattues, spécialement celle de Henri IV, la persécution religieuse, la haine furieuse contre le catholicisme, tout cela était prévu par les Initiés. Rien ne fut l'œuvre du hasard. Chacun de ses crimes a sa signification, sa raison ésotérique. *(Tombeau de J. Molay,* p. 57.)

l'initiation, leur prononça leur arrêt de mort au nom de l'Illuminisme, et cet arrêt fut diversement, mais rigoureusement exécuté, comme d'autres arrêts semblables l'avaient été plusieurs siècles auparavant contre l'abbé de Villars et tant d'autres. » (E. Lévi, *Dogme,* p. 36a). Ainsi, la prophétie célèbre se réduirait à la divulgation du grand arcane ; ce serait, comme dit M. Talmeyr, de « l'information anticipée ».

L'Initiation de Cagliostro

Le procès de Cagliostro — arrêté à Rome et condamné à mort par arrêt de l'Inquisition, peine commuée par le Pape en celle de la détention perpétuelle — a démontré son affiliation à l'Illuminisme et révélé quelques-uns des infâmes complots de la secte.

Reportons-nous à la *Vie de Joseph Balsamo, comte de Cagliostro, extraite de la Procédure instruite contre lui à Rome en 1790,* traduite d'après l'original italien, imprimé à la Chambre Apostolique (Paris, 1791, in-8°, portrait). Les pages 129-132 nous offrent le récit détaillé, que fit Cagliostro devant ses juges, de son initiation aux mystères de l'Illuminisme. La scène se passe dans une maison de campagne à trois milles de Francfort-sur-le-Main, en 1780. Nous transcrivons cet aveu textuel :

« ... Nous descendîmes par quatorze ou quinze marches dans un souterrain et nous entrâmes dans une chambre ronde, au milieu de laquelle je vis une table ; on l'ouvrit et dessous était une caisse en fer qu'on ouvrit encore et dans laquelle j'aperçus une quantité de papiers : ces deux personnes (deux Illuminés qui accompagnaient Cagliostro) y prirent un livre manuscrit, fait dans la forme d'un missel, au commencement duquel était écrit : Nous, GRANDS-MAÎTRES DES TEMPLIERS, etc. Ces mots étaient suivis d'une formule de serments, conçue dans les expressions les plus horribles, que je ne puis me rappeler, mais qui *contenaient l'engagement de détruire tous les souverains despotiques.* Cette formule était écrite avec du sang et avait onze signatures, outre mon chiffre qui était le premier; le tout encore écrit avec du sang. Je ne puis me rappeler tous les noms de ces signatures, à la réserve des nommés N...,

N..., N..., etc. Ces signatures étaient celles des douze Grands-Maîtres des Illuminés ; mais dans la vérité, mon chiffre n'avait pas été fait par moi, et je ne sais comment il s'y trouvait. Ce qu'on me dit sur le contenu de ce livre, qui était écrit en français, et le peu que j'en lus me confirma que cette secte avait *déterminé de porter ses premiers coups sur la France ;* qu'après la *chute de cette monarchie,* elle devait frapper l'Italie et *Rome* en particulier ; que Ximénès,[18] dont on a déjà parlé, était un des principaux chefs; qu'ils étaient alors au fort de l'intrigue, et que la Société a une grande quantité d'argent dispersé dans les banques d'Amsterdam, de Rotterdam,

---

[18] L'Espagnol, qui se faisait appeler Ximénès, parcourait continuellement l'Europe, et pour parvenir au but de ses projets, il répandait beaucoup d'argent qui lui était fourni par les contributions des Loges. Cagliostro dit l'avoir rencontré dans différentes villes, mais toujours sous des noms et des habits différents. *(Vie de J. Balsamo.)*

de Londres, de Gênes et de Venise... »[19]

---

[19] Cité dans le *Serpent de la Genèse (le Temple de Satan),* par Stanislas de Guaita, p. 316~317.

Le Trésor de Guerre

Mirabeau, dans la *Monarchie Prussienne* (t. VI), confirme l'existence de ce trésor de guerre considérable, dont personne, sauf quelques hauts gradés, ne savait l'emploi. Cadet de Gassicourt ajoute que cet argent provenait des contributions que payaient chaque année 180.000 maçons ; qu'il servait à l'entretien des chefs, à celui des émissaires qu'ils avaient dans les cour», à *récompenser tous ceux qui faisaient quelque entreprise contre les souverains,* que lui, Cagliostro, a reçu six cents louis comptant, la veille de son départ pour Francfort. Ces différentes assertions sont justifiées dans tout le cours de l'ouvrage. *(Vie de Cagliostro.)*

Confirmant ces renseignements sur les fonds secrets de la Révolution, un des membres du Club de la Propagande, établi à la Loge de la rue Coq-Héron, M. Girtaner, a écrit dans ses

Mémoires sur la Révolution : « En 1790 , il y avait dans la Caisse générale de l'Ordre vingt millions de livres, argent comptant; suivant les comptes rendus, il devait s'y trouver dix millions de plus avant la fin de 1791 - » (Girtaner, 3ᵉ volume,, p. 470 , en allemand.)[20]

---

[20] « Ce club (de la Propagande) a pour but, comme chacun sait, non seulement de consolider la Révolution en France, mais, de l'introduire chez tous les autres peuples de l'Europe et de culbuter tous les gouvernements actuellement établis. Les statuts-ont été imprimés séparément. Le 23 mars 1790, il y avait en caisse 1.500.000 francs, dont Mʳ le Duc d'Orléans avait fourni 400.000 ; le surplus avait été donné par les honorables membres à leur réception. Ces fonds sont destinés à payer les voyages des *missionnaires,* qu'on nomme *apôtres,* et les *brochures incendiaires* que l'on compose pour parvenir à un but aussi salutaire. Toutes les affaires, tant internes qu'étrangères, sont préparées et proposées au club par un comité de quinze personnes, présidé par Mʳ l'Abbé Sieyès. » (Papiers secrets, trouvés chez le cardinal de Bernis).

« Les agents des Loges de Suisse, d'Italie, de Savoie, d'Espagne accourent à Paris pour y ourdir leurs complots et s'entendre avec

Tous ces fonds servaient à soudoyer l'émeute, à payer la trahison.[21] Or, n'est-il pas permis de se

---

le *Comité de propagande*. Il faut assurer le triomphe des armées de la Révolution, déchaînées par les Loges sur l'Europe. Il *faut préparer les trahisons*, et creuser la mine sous tous les trônes. Dès la première année, *trente millions* sont tirés du trésor public pour subvenir aux frais de la propagande. Dumouriez en fait l'aveu dans ses *Mémoires*.

Quelques années plus tard, au témoignage de Barruel, une autre somme de vingt et un millions est employée à *préparer les insurrections*, qui éclatent à l'approche des armées républicaines. Ces soulèvements sont fomentés par les clubs qui se sont multipliés depuis 1789. » *(La Mac.·., et la Révolution Française*, Hello, II, p. 33-43).

[21] Dans son livre : *Captivité et mort de Marie-Antoinette* (p. 320), M. Lenôtre rapporte, d'après un ouvrage anglais (Francis Dracke), le récit tragique d'une séance secrète du Comité de Salut public qui eut lieu à 11 heures du soir le 2 septembre 1793, au domicile de Pache, maire de Paris.

La scène, sauvage et terrifiante, fut racontée par un espion aux gages de l'Angleterre, Francis Dracke, qui, jour par jour, recevait des *bulletins* sur tout ce qui se tramait secrètement alors. Il les tenait, affirme-t-il d'un des secrétaires mêmes du Comité de Salut public. Là furent résolues les insurrections des 4 et 5 septembre dans toutes leurs parties. Pache y reçut *500.000 francs*

demander si Savalette de Lange, gardien du Trésor Royal, et en même temps un des gérants principaux du Trésor de la Révolution en France, n'eut pas une mission bien délicate à remplir, ce qui peut dire combien ces ressources (des Loges) s'augmentaient entre les mains d'un homme chargé de la garde du Trésor Royal ! » (Barruel, V.)

Les conjurés savent choisir les hommes et les places !

Enfin, rapporte Cadet de Gassicourt, pour dernière preuve (du rôle occulte de Cagliostro), on a trouvé sous ses scellés une croix sur laquelle étaient écrites les trois lettres *L.D.P.*, et il est convenu qu'elles signifiaient : *Lilium destrue*

---

en assignats pour l'insurrection du 4.

Là fut décidée, après une furieuse discussion, la mort de la Reine, ainsi que l'arrestation et l'exécution d'une foule de citoyens.

pedibus (Foulez les Lys aux pieds), condamnation formelle des rois.

Aussi, comprend-on que le rapporteur du tribunal qui l'a condamné ait pris les conclusions suivantes : « Il résulte de beaucoup de dénonciations spontanées, des dépositions de témoins et autres notices que l'on conserve dans nos archives, que parmi ces assemblées (maçons et Illuminés) formées sous l'apparence de s'occuper d'études sublimes, la plupart cherchent à secouer le joug de la religion et à détruire les monarchies. *Peut-être, en dernière analyse, est-ce là l'objet de toutes.* »

On lit encore, dans cette *Vie de Cagliostro,* cette phrase significative : « la secte des Illuminés professe l'irréligion le plus décidée, emploie la magie dans ses opérations; sous le prétexte spécieux de venger la mort du Grand-Maître des Templiers, elle a principalement en vue la destruction totale de la religion et de la monarchie. »

Ces dépositions de Cagliostro, le compte rendu de son procès, ont un intérêt capital : non seulement ils dépouillent le personnage de son auréole de mystère et fournissent l'explication du prestige légendaire que ses moyens de séduction lui avaient acquis sur une société légère, futile, devenue, hélas ! élégamment sceptique, mais encore ils démontrent à quel point la Révolution — et c'est là notre thèse — a été préparée, machinée par les sectes maçonniques.

Docile aux *suggestions* des Cagliostro et des Saint-Germain, la société française contribua, inconsciemment, à déchaîner la rafale de sang qui allait l'emporter.

Les sociétés troublées donnent ainsi, hélas, prise

à toutes les folies, à tous les snobismes les plus extravagants.

Elles s'y jettent tête baissée sans réflexion aucune.

N'avons-nous pas, nous aussi, été témoins, il y a quelques années, de l'engouement d'une partie de la société française pour une grande dame exotique et théosophe, dont le succès était dû au mystère et à l'habile mise en scène dont elle avait su s'entourer ? N'était-elle pas, murmurait-on, une « âme réincarnée » ? Des apparitions suspectes se produisaient, disait-on, dans un salon retiré où quelques privilégiés étaient seuls admis.

Ses pierreries, la magnificence de son hôtel faisaient sensation...

Il n'en fallut pas davantage pour lui attirer toute

une clientèle choisie, avide de mystérieux, d'extranaturel, d'occultisme, de spiritisme. Alors, pendant un certain temps, il fut de bon ton de prôner le bouddhisme[22] et la théosophie. C'est que — la foi s'obscurcissant dans les esprits et les tables se mettant à tourner — les cervelles, elles aussi, suivent le mouvement : c'est immanquable.

Réminiscence de la fin du XVIIIe siècle !

Tel Saint-Germain, le contemporain de Jésus-Christ, l'*inconnu,* dont les bijoux merveilleux, les

---

[22] Malgré tout l'engouement irréfléchi du public élégant qui se-pressait naguère, à la « messe » bouddhique du musée Guimet, le néo-bouddhisme n'est qu'un snobisme dangereux : « il est enveloppé d'une épaisse atmosphère de crédulité et de charlatanerie... On a beau le débarrasser de son immense bagage de niaiseries, et en le soumettant à une pression convenable, le réduire à une sorte de positivisme mystique, il faut une incroyable capacité d'illusion pour prétendre en tirer la moindre chose qui soit à notre usage. » (Barth).

boucles de souliers et de jarretières en diamant faisaient fureur à la cour et dans la haute société ; tel Mesmer, dont le bassin magnétique était un rendez-vous de noble compagnie : on y tombait en délire, en syncope, en convulsions, en catalepsie ; [23] tel Cagliostro, avec ses

---

[23] « Je fus charmée, écrit dans ses *Mémoires* la Baronne d'Oberkirch, d'une visite que nous fîmes à Mesmer, le chef et le père du magnétisme. Je l'avais connu en Alsace... Je l'admirais depuis longtemps, et je fus enchantée de le retrouver (à Paris). Il demeurait place Vendôme, dans la maison Bouret, et sa maison ne désemplissait pas du matin au soir. La fameux *baquet* attirait la cour et la ville. Le fait est que ses cures sont innombrables. Le magnétisme devint tout à fait à la mode ; ce fut comme toutes les modes, une rage, une furie. » (t. II, p. 102).

Et plus loin :

« La fin de ce siècle si incrédule est marquée de ce caractère incroyable d'amour du merveilleux (je dirais de superstition, si je n'en étais moi-même imbue), qui dénote la société en décadence. Jamais les Rose-Croix, les adeptes, les prophètes ne furent aussi nombreux, aussi écoutés. »

« Les Loges, écrit M. Hippolyte Blanc *(Revue des Sciences ecclésiastiques,* 1890) contribuèrent beaucoup au triomphe de

« pupilles ou colombes » lisant l'avenir dans le cristal des carafes, au grand ravissement de tous les snobs de l'époque !

Instruits par l'histoire, sachons donc nous méfier de la « mode » et de ses excentricités de toutes sortes, résultat bien souvent d'une réelle « conjuration », selon le terme si juste de M. Talmeyr ; réagissons contre ses folies moutonnières ; fuyons la *névrose*[24] des foules et l'aboulie néfaste qui en résulte.

Névrose et aboulie sont, à toute époque, les précurseurs des grandes crises sociales.

Cagliostro... Paris a été le grand théâtre de la célébrité de ce nécromant et de Mesmer, mais leur réputation et leurs pratiques franchirent vite les murs d'octroi de la capitale. *La France entière en raffola.* »

[24] On a tenté d'expliquer la Révolution par la « névrose » des foules. Voir *(Névrose révolutionnaire,* citée plus haut.)

JEAN DE LANNOY

CHAPITRE III

Coup d'œil en arrière

Avant de raconter certains événements peu connus de la Révolution, et afin de pouvoir pénétrer le sens ésotérique des faits principaux de cette terrible période, faits que nous avons sommairement énumérés dans le précédent chapitre; pour chercher à expliquer cette anarchie prétendue « spontanée », qui, soudain, surgit aux quatre coins de la France, il nous faut remonter en arrière et analyser les causes lointaines qui préparèrent un tel bouleversement; car, dans son ensemble, comme dans ses détails, en apparence déconcertants par leur troublante harmonie, dans sa réussite extraordinaire, la Révolution est restée, avons-nous dit, pour la grande majorité, une énigme.[25]

---

[25] Nous tenons à bien préciser les deux points suivants :

1. Que la F.-M.∴ ait préparé et déchaîné la Révolution; cela n'est plus douteux : les auteurs maç.∴ s'en font constamment gloire, et les antimaçons les plus documentés l'ont établi, preuves en mains, et sans contestation possible ;

2. Que les F.-M.∴ soient les successeurs, les héritiers directs des Templiers, c'est là une question encore controversée, et fort complexe d'ailleurs. Les écrivains maçons les plus qualifiés sont eux-mêmes si peu fixés sur les origines et sur l'histoire de leur Association, qu'il est souvent très difficile de dégager, de leurs récits, la vérité historique.

Sans aucunement prétendre trancher définitivement la question, nous nous bornerons donc à citer des textes, trop ignorés, empruntés à des auteurs anticléricaux notoires : Francs-maçons et occultistes, textes qui auront du moins le mérite de nous faire connaître les idées qui, depuis deux siècles ont inspiré les actes de la M.∴, ou servi de prétexte aux agissements de ses adeptes.

Nous avons succinctement rapporté le rôle de la F.-M.˙. au cours du XVIIIᵉ siècle. Nous la trouvons enfin en 1787 établie en 282 villes, comptant rien qu'à Paris 81 loges. Lyon en avait 16, Bordeaux 7, Nantes 5, Montpellier 10, Toulouse 10, etc. : tous ces ateliers, étroitement reliés ensemble, furent autant de foyers d'organisation pour le soulèvement général (Barruel, t. V, page 65).

***

Mais, tout d'abord, qu'était donc la F.-M.˙., et que se passait-il dans les Loges avant 1789 ?

Si quelques lecteurs sont tentés de trouver que nous avons abusé des citations, des « guillemets », nous leur répondrons que c'est à dessein : Nous n'avons pas eu en vue, dans ces graves questions, de présenter un travail personnel, où l'imagination et le parti-pris auraient pu avoir leur trop large place. Nous avons produit des documents, laissé simplement parler des textes. À défaut d'autre mérite, nous avons fait une œuvre de bonne foi, évitant tout commentaire superflu.

Si nous consultons l'Annuaire du Grand-Orient de France, nous voyons que les plus hauts personnages du temps en étaient, ou du moins semblaient en être, les chefs suprêmes ; le duc d'Antin, le prince Louis de Bourbon, comte de Clermont, puis le duc de Chartres, futur Philippe-Égalité, en furent les Grands-Maîtres ostensibles.

Les plus nobles princesses ne dédaignaient pas de s'inscrire dans les Loges d'Adoption, et Marie-Antoinette écrivait à la Sœur princesse de Lamballe : « J'ai lu avec grand intérêt ce qui s'est fait dans les Loges franc-maçonniques que vous avez présidées et dont vous m'avez tant amusée. Je vois qu'on n'y fait pas que de jolies chansons, mais qu'on y fait aussi du bien. »[26]

---

[26] Marie-Antoinette fut enfin désabusée, mais trop tard! Un jour aux Tuileries, faisant allusion aux libelles des Encyclopédistes qui voulaient « délivrer les hommes du joug des Ecclésiastiques, le

(Cité par M. Talmeyr : *La F.-M.·. et la Révolution française,* page 12).

La plus haute société, subjuguée par les Saint-Germain et les Cagliostro, s'enrôlait à l'envi sous la bannière des Loges : on s'y amusait, on y dansait, on y causait philanthropie ; la frivolité du temps se complaisait à ces amusements plus ou moins mystérieux, savamment dosés selon les goûts de chacun et qui allaient des fêtes magnifiques et de bonne tenue de la fameuse

---

plus dur de tous, des *Barbares,* comme ils disaient » (Lettre à Voltaire, 1770), l'infortunée reine s'écria : « Oh ! *que nous avons été trompés !* nous voyons bien à présent combien les prêtres se distinguent parmi les fidèles sujets du Roi. » (Barruel, tome I).

Le 17 août 1790, Marie-Antoinette écrivait à son frère Léopold II : « Prenez bien garde là-bas à toute association de Franc-maçons ; c'est par cette voie que tous les monstres d'ici comptent d'arriver dans tous les pays au même but... »

« Que n'ai-je cru, il y a onze ans, tout ce que je vois aujourd'hui!, dit un jour Louis XVI en 1792, à une personne de confiance. On me l'avait dès lors tout annoncé. »

Loge *Les Amis Réunis* jusqu'aux orgies d'Ermenonville rapportées par Barruel.

Certains États d'Europe avaient cependant interdit ces francs-maçons qui semblaient en France si aimables et simplement amis des plaisirs. Le pape Clément XII, mieux averti que nos dirigeant d'alors, avait lancé contre eux une bulle d'excommunication (1738), confirmée depuis par tous ses successeurs.

Quelles pouvaient être les raisons de cette rigueur ?

C'est que les grades élevés contenaient des rites d'initiation passablement effrayants, que la joyeuse troupe des Francs-Maçons inférieurs ignorait ou dont elle se riait.

Cependant la plaisanterie dépassait parfois les bornes permises :

Le F∴ Ragon, l'« auteur sacré » de la Maçonnerie, raconte que dans les hauts grades, le récipiendaire, armé d'un poignard, devait frapper le *mauvais principe* représenté par un serpent à trois têtes : « La tête du serpent qui porte une couronne indique les *Souverains ;* celle qui porte une tiare ou une clé indique les *Papes ;* celle qui porte un glaive l'*Armée.* »

Il y avait certaines variantes ; dans quelques Loges, au pied d'un cercueil étaient déposées trois têtes : celle du milieu représentait Jacques Molay, grand maître des Templiers, couronnée de lauriers ; celle de droite portait la couronne royale fleurdelisée, c'était celle de Philippe le Bel ; celle de gauche était surmontée de la tiare pontificale et représentait Clément V. Et là encore le récipiendaire frappait de son poignard la tête couronnée d'une tiare et celle ornée de la couronne royale, en criant : « Haine à l'imposture, mort au crime ! » Mais passant devant la tête de Molay, le F.- M.∴. s'agenouillait et prononçait ces mots : « Gloire éternelle au martyr de la vertu ! » Parfois, pour mieux éprouver l'obéissance du néophyte, on lui bandait les yeux et on lui ordonnait de plonger son poignard dans le cœur d'un mouton vivant, soigneusement rasé. Le sang jaillissait, et le récipiendaire était persuadé d'avoir frappé un homme.

Cadet de Gassicourt rapporte, en effet, qu'une des épreuves du grade de Kadosch était « de poignarder dans une caverne l'assassin d'Hiram, d'apporter sa tête sur l'autel et de boire dans un crâne humain. Le récipiendaire a les yeux couverts d'un bandeau : on lui fait tâter le cœur palpitant d'un mouton (l'estomac de l'animal est rasé). Pendant que le récipiendaire, après avoir égorgé sa victime, se lave les mains, on substitue à la tête du mouton une tête de cire ensanglantée, ou celle d'un cadavre que le Franc-maçon aperçoit quand il a les yeux libres, et qu'on enlève à l'instant. À la réception du duc d'Orléans, la tête *pointait une couronne d'or !* » *(Tombeau de Jacques Molay,* p. 192- 193).

Ainsi, les cérémonies d'initiation aux grades élevés » prouvent que les F.-M.·. poursuivaient d'une haine implacable la Royauté et la Papauté. Si Jacques Molay était exalté par eux, si Philippe le Bel et Clément V étaient voués à toutes les exécrations, c'est que ces derniers prononcèrent la célèbre condamnation des Templiers.

Origine Templière

La F.-M.∴ paraît bien, en effet, s'être érigée en vengeresse du Temple ; la raison nous en sera fournie par les auteurs les moins suspects : de cette étude documentée, bien que sommaire, il apparaîtra clairement, à notre sens, que les F.-M.∴ semblent être les continuateurs de l'Ordre des Templiers. Là se trouverait la clé d'une foule d'événements de la Révolution.

Mais qu'étaient eux-mêmes les chevaliers du Temple ? Tout simplement des *gnostiques*[27] : « Les sept croisés fondateurs de l'Ordre du Temple avaient été initiés en Palestine même aux secrets de la Gnose. » (Papus,[28] *Traité*

---

[27] Sur les rapports du gnosticisme et de la F.-M.∴, consulter les *Infiltrations maçonniques dans l'Église,* par l'abbé Barbier, p. 103 et s.

[28] M. Papus, docteur en médecine, docteur en kabbale, président du Suprême Conseil de l'ordre Martiniste, délégué général de

méthodique des Sciences occultes, p. 684).

Et si l'on considère que les théories des gnostiques se sont perpétuées à travers les âges au moyen des sectes diverses : les Manichéens, les Pauliciens, les Cathares, les Patarins, les Albigeois, les Vaudois, le protestantisme (voir Mgr Freppel, *Saint Irénée),* on arrive à en conclure — (comme l'indique, du reste, Weishaupt, au grade de Chevalier Écossais[29]) — qu'une chaîne ininterrompue a relié, dès la plus haute antiquité, les principales sociétés secrètes les unes aux autres. Comme l'écrit Dru mont dans la préface *d'Eurêka :* « ... Elle ferait croire que la F.-M.∴ n'est au fond qu'un rejeton

---

l'Ordre Kabbalistique de la Rose-Croix.

[29] Le nouveau chevalier est spécialement averti que « c'est par l'étude des anciens gnostiques et des manichéens qu'il pourra faire de grandes découvertes sur cette véritable maçonnerie. » *(Écrits originaux* de Weishaupt).

vivace du vieux matérialisme païen, qui aurait traversé dix-neuf siècles de christianisme. » *(Eurêka,* Louis Brunet, Paris 1905, cité dans les *Sociétés secrètes et leurs crimes,* Baron, p. 367).

Disons que la secte est en somme l'hérésie totale, la synagogue de Satan,[30] selon le mot de l'*Apocalypse.*

Mais laissons la F.-M.∴ nous exposer ses idées au sujet de son origine templière. Les documents émanés des FF.∴ eux-mêmes abondent : « Les Chevaliers hospitaliers de Saint-Jean de Jérusalem, connus sous le nom de Templiers, ou leurs successeurs F.-M.∴, dit Willaume dans son *Manuel* ou Tuileur

---

[30] « Ces sectes coalisées forment la synagogue de Satan. C'est elle qui discipline leurs troupes, porte l'étendard et engage la bataille contre l'Église du Christ. » (Encyclique *Et si multa luctuosa.* Pie IX, ai novembre 1873).

maçonnique (p. 10), paraissent les auteurs de la majeure partie des degrés de l'initiation... Nous ne faisons pas de doute que les Templiers étaient des Initiés... Nous pensons encore que c'est à eux que l'Europe doit la Maçonnerie... Ils ont disparu dans l'ordre civil, mais ils ont laissé des successeurs dans la F.-M.·. et leurs institutions leur ont survécu. »

L'opinion du F.·. Ragon est la même : « En Italie, d'anciennes églises qui ont appartenu à l'Ordre avant son abolition, conservent par tradition le nom d'église *della massone* ou *maccione*; n'est-ce pas dire que les peuples, avant de les appeler ainsi, s'étaient aperçus que F.-M.·. et Templiers étaient la même chose ?» (*Cours*, p. 31).

« Les F.-M.·. écrivait en 1806 le F.·. Chereau, officier du Grand-Orient, apprennent : 1. que l'Ordre maçonnique... sut honorer les malheurs d'un *Ordre auguste, religieux et militaire...* ; 2. qu'il mérita... de devenir partie intégrante de cet Ordre illustre, dont tous les chevaliers étaient d'abord maçons... ; 3. que les deux Ordres unis par un lien indissoluble devinrent une seule et même Association. » *(Explication de la Croix philosophique des Chevaliers Rose-Croix).*

Le F.·. de Banville, également officier du Grand-Orient, dans un discours prononcé en Loge le 8 avril 1839, n'est pas moins affirmatif :

« Dans mon système, l'Ordre maç.·. serait une émanation de l'Ordre du Temple, dont vous connaissez l'histoire, et il ne peut pas *raisonnablement* être autre chose. Comment expliquerions-nous... ces défenses sévères de ne rien écrire, tracer ni buriner... sans encourir les effets certains d'une vengeance atroce, sans s'exposer à avoir la gorge coupée, le cœur et les entrailles arrachées, le corps brûlé, etc. ? Tout cela prendrait le caractère d'une révoltante absurdité, si on lui enlevait l'explication... du puissant intérêt qu'avaient les Chevaliers du Temple à se cacher à tous les yeux, sous le manteau de la Maçonnerie, spécialement organisée dans ce but par eux-mêmes. » Et le rédacteur du journal maçonnique le *Globe,* où parut ce long discours, conclut par ces mots : « le F∴ de Banville a parfaitement tracé l'origine de l'Association maçonnique. »

Bien plus, nous possédons des documents fort curieux— remontant aux XVIe et XVIIe siècles — qui établissent, de façon, semble-t-il, décisive, les projets de *vengeance,* secrètement formés dès cette époque !

VENGER LES TEMPLIERS

Ainsi, le député Grégoire a produit à la Convention une médaille[31] frappée en 1642 : elle représente d'un côté, un bras sortant des nues, moissonnant trois lys avec une épée tranchante. La légende est : *Talem dabit ultio messern* (telle est la moisson que donnera la vengeance). Au revers, un autre bras lance la foudre sur une couronne et un sceptre brisés, avec ces mots : *Flamma metuenda tyrannis* (à l'aspect de ces feux, les tyrans trembleront). *(Tombeau de Jacques Molay,* p. 42).

Guaita, dans le *Temple de Satan,* donne la reproduction de deux gravures prophétiques relatives à la grande Révolution : elles sont tirées d'ouvrages introuvables. L'une est extraite

---

[31] Cette médaille se voit à la Bibliothèque nationale. (Note de Cadet de Gassicourt).

de la *Pronostication* de Paracelse (1536, in-4) ; elle montre trois lys sur un arbre desséché, et la légende annonce que la fleur la plus illustre (le lys des Bourbon) « sera jetée dans le four, ce qui veut dire qu'elle disparaîtra dans la solitude, la ruine, l'exil, dans un abaissement universel et sans exemple ! »

Le second dessin est plus explicite encore. Guaita l'a trouvé dans une édition de 1589 des gravures sibyllines attribuées à l'abbé Joachim de Flore (ou de Calabre). Sur deux colonnes sont placés les bustes d'un roi et d'un pape. D'une troisième colonne, moins élevée, sort un bras armé d'une faux qui menace les deux pouvoirs. « Comment ne pas reconnaître la puissance aveugle et impersonnelle du peuple, s'attaquant à la couronne et à la tiare ? L'épigraphe, qui peut se traduire : « Ce ne sera partout que confusion et erreur, « dans la corruption », exprime un état de choses qui a eu son apogée en 1793-1794, sous le règne de la Terreur » (p. 302-305).

De même Barruel, au tome IV de ses Mémoires (p. 119), dit tenir d'un haut maçon, que le but spécial des Rose-Croix était alors (en 1773) : 1. *de venger les Templiers ;* 2. de s'emparer de l'île de Malte pour en faire le berceau de la religion *naturelle.* Le roi de Prusse s'y intéressait spécialement, et Barruel donne à ce sujet les détails les plus curieux.

L'auteur des *Mémoires* rapporte aussi qu'à la même époque (1773), lors de l'initiation d'un chevalier Kadosh, après tous les serments, toutes les épreuves et cérémonies coupables et impies, « le dénouement de la scène est de présenter au récipiendaire trois mannequins représentant Clément V, Philippe le Bel et le grand Maître de Malte.[32] Leurs têtes sont couvertes des attributs de leurs dignités. Il faut que le malheureux fanatique jure haine et mort à ces trois têtes proscrites parlant à *leurs successeurs, à leur défaut.* On lui fait abattre ces trois têtes, qui, comme dans le grade d'Élu, sont, ou véritables, si on a pu s'en procurer, ou pleines de sang, si ce n'est qu'une simple représentation ; et cela en criant *vengeance! vengeance!* etc. » Parfois, on se servait de mannequins entourés de boyaux remplis de sang (tome II, p. 205). Barruel cite deux témoins de ces scènes, qu'il est autorisé à nommer : MM. les comtes de Gilliers et d'Orfeuil.

Le F∴ Condorcet, lui-même, a écrit que, dans la Révolution française, il voyait le triomphe si

---

[32] Dans l'ordre des *Juges Philosophes inconnus,* on faisait jurer au récipiendaire « de considérer les Chevaliers de Malte comme les plus cruels ennemis. » (F∴ Ragon, *Orthodoxie mag.*∴ p. 401).

longtemps préparé par les sociétés secrètes ; il promettait de nous apprendre un jour « s'il ne faut pas placer au nombre de ces sociétés *l'Ordre des Templiers* ». *(Esquisse d'un tableau des Progrès de l'esprit humain,* septième époque).

D'autres adeptes, dans leurs déclarations, ne craignaient pas de s'écrier : « Franchissez tout à coup les siècles et amenez les nations aux persécutions de *Philippe le Bel.* Vous qui êtes ou n'êtes pas *Templiers...*

Périssent les tyrans et que la terre en soit purgée. » (Bonneville, *Esprit des religions,* cité par Barruel, tome II.)

Éliphas Levi, que Papus *(Agenda Magique,* 1894) appelle « un des grands maîtres de l'Occultisme », a recherché, lui aussi, les origines de la secte : « Je viens — disait-il, dans son discours de réception, à la F.- M.·. le jour de son initiation — rapporter au milieu de vous les traditions perdues, la connaissance exacte de vos signes et de vos emblèmes, et par suite, vous montrer le but pour lequel votre Association a été constituée. » (Cité dans les *Souvenirs* de Caubet, 1893.)

Le célèbre mage estime « que les Francs-Maçons ont emprunté aux constructeurs de la cathédrale de Strasbourg leur nom et les emblèmes de leur art, et qu'ils se sont organisés publiquement pour la première fois en Angleterre à la faveur des institutions radicales et en dépit du despotisme de Cromwell. » Il raille en passant les historiens « assez ignorants pour attribuer aux Jésuites, sinon la fondation, du moins la continuation et la direction de cette Société, opinion, dit-il, qui se réfute elle-même ».

« En réalité, affirme-t-il, ils ont eu *les Templiers*

pour modèles, les Rose-Croix pour pères et les Johannistes pour ancêtres. Leur dogme est celui de Zoroastre et d'Hermès, leur règle est l'initiation progressive... Ce sont les continuateurs de l'école d'Alexandrie, *héritière de toutes les initiations antiques.* » *(Histoire de la Magie,* p. 399)

Ainsi Éliphas Levi confirme ce que nous avons dit sur la « chaîne ininterrompue » qui relie les sociétés secrètes modernes aux groupements initiatiques de l'antiquité.

Enfin pour ne pas allonger démesurément cette étude, donnons la citation suivante, extraite du livre remarquable de M. Loiseleur, la *Doctrine secrète des Templiers* (Paris 18721), « dernier mot de l'érudition contemporaine sur cette question » (Deschamps, t. I) : « Wilcke fait des Templiers les précurseurs de Luther et de l'Encyclopédie. » *(Geschichte der Tempels Herren*

Ordens, Halle 1860.) Or, l'Encyclopédie, c'est la Franc-maçonnerie dogmatisante du XVIIIᵉ siècle, qui prépare les voies à la Franc-maçonnerie sanglante de la Terreur (Baron, *Les sociétés secrètes, leurs crimes).* Wilcke est un écrivain allemand auquel le F.·. Findel lui-même rendait hommage.

Donc, et cela ressort des initiations, des serments, des gravures du temps, des documents les plus probants, le martyr à venger, c'est Molay ; ceux qu'il faut tuer, c'est Philippe le Bel et Clément V dans la personne de leurs successeurs.[33]

Nous sommes donc autorisés à conclure avec le grand historien Schlegel que l'Ordre des

---

[33] Actuellement encore an grade de Kadosch (rite du Grand-Orient), les diplômes portent au premier plan de la gravure une épée et une tiare jetées sur le pavé du sanctuaire.

Templiers a été le *pont* par lequel les mystères et les doctrines ésotériques de l'Orient ont passé en Occident. Une société, la Franc-Maçonnerie, en est issue, « société, du sein de laquelle, comme d'un laboratoire où le génie destructeur forgeait ses armes, sortirent les Illuminés, les Jacobins et les Carbonari.[34]

---

[34] Schlegel, *Philosophie de l'histoire* (18e leçon). La plupart des écrivains modernes (sauf notamment le F.·. Findel qui fut directeur de la *Baâhutte* de Leipzig) reconnaissent que la F.-M.·. a pour origine, au moins médiate, l'Ordre du Temple : V. Thomas Frost. *The Secret Societies of the European Revolution.* London 1876. Introduction Pachetler : *Stille Krieg der Freimaurerei gegen thron und altar,* Freiburg 1873, etc. (note de Deschamps, *Sociétés secrètes et la Société,* t. I). G... (Grouvelle), écrivain peu suspect, plutôt favorable à la F.·.-M.·. et aux Templiers, dans ses curieux *Mémoires historiques sur les Templiers,* Paris, 1805, enregistre que les Sociétés de Francs-Maçons, alors très répandues en Allemagne « affectaient la prétention de tirer leur origine des Templiers » (p. V). Il ne semblerait pas impossible que les chevaliers qui échappèrent, ne se fussent jetés dans les associations secrètes que dirigeaient les sectaires (p.

315) ; et Miinter, savant professeur danois, qui fit sur les Templiers les découvertes les plus importantes à la Bibliothèque Gorsini à Rome, écrivait à Grouvelle en 1802 : « Si l'on considère cette question historiquement, il n'y a rien absolument qui rend la filiation impossible... On pourrait se servir de quelques faits qui paraissent avoir rapport aux Templiers pour remplir quelques lacunes... » Grouvelle ajoute : « L'Ecosse est le pays où les chevaliers proscrits parviennent le mieux à se dissimuler ; or, ceux qui croient à cette origine ne manqueront pas de remarquer que les plus secrets mystères de la F∴-M∴. sont réputés émaner de l'Ecosse, et que les Hauts-Grades y sont nommés Ecossais » (p. 316).

CULPABILITÉ DES TEMPLIERS

Non seulement, nous l'avons dit, les Templiers, au témoignage de Papus, étaient des *gnostiques,* mais encore S. de Guaita,[35] le rénovateur de la Rose-Croix kabbalistique en France, reconnaît également en eux, comme aussi Éliphas Levi, des successeurs des manichéens. Il admet lui-même, qu'accusés de sorcellerie et de mœurs infâmes, leurs apologistes « n'ont pu les réhabiliter au grand jour de la controverse historique, en lavant leur mémoire de tout soupçon » *(Temple de Satan,* p. 379). Il ajoute, et cette appréciation, émanant d'un écrivain peu suspect de cléricalisme, est intéressante à

---

[35] Nous ferons de nombreux emprunts à l'ouvrage de Stanislas de Guaita, *Le Serpent de la Genèse* — première Septaine, — *Le Temple de Satan* (Librairie du Merveilleux, 29, rue de Trévise, Paris 1891). Ce livre, extrêmement curieux, dû à la plume d'un écrivain d'une érudition peu commune, est actuellement devenu très rare.

enregistrer : « Les chevaliers étaient dépositaires d'une doctrine sociale et religieuse. C'est historiquement certain. Reste à savoir laquelle. Que le Temple possédât la tradition orthodoxe, voilà qui n'est guère soutenable. Cet ordre fameux reste dogmatiquement entaché de *manichéisme.* » (p. 282).

Mignard[36] notamment a rapproché des preuves accablantes à l'appui de cette opinion : « Les figures emblématiques sculptées en relief sur le coffret de pierre d'Essarois, pièce à conviction entre mille, sont de nature à ne laisser aucun doute. Le caractère de mysticisme obscène qui est le propre de ces symboles dyarchistes semble même d'une précision assez typique pour servir de trait d'union, dans l'espèce, entre les deux grands griefs stipulés contre les Templiers : la

---

[36] *Preuves du Manichéisme dans l'Ordre des Templiers,* par Mignard, Paris 1853.

goétie manichéenne et le vice impur » (p. 282).

Jules Garinet résume ainsi les accusations portées contre les Templiers : « On disait qu'à la réception dans l'Ordre, on conduisait le récipiendaire dans une chambre obscure, où il reniait Jésus-Christ en crachant trois fois sur le crucifix... que celui qui était reçu baisait celui qui le recevait à la bouche, ensuite *in fine spinoe dorsi et in virga virili;* que les Templiers, dans leurs chapitres généraux, adoraient une tête de bois doré qui avait une longue barbe, des moustaches touffues et pendantes; à la place des yeux brillaient deux grosses escarboucles étincelantes comme le feu... On les accusait encore de faire vœu de sodomie et de ne rien se refuser entre eux. » *(Histoire de la Magie en France,* p. 78).

Garinet rapporte aussi des faits analogues au sabbat des sorciers et aux réunions orgiaques et mystiques des sectaires de la gnose : le démon aurait apparu sous la figure d'un chat et sous la forme de femmes dans les réunions des chapitres, et des scènes abominables de succubes furent avouées en Languedoc, par trois commandeurs de l'Ordre.

Quoi qu'il en soit, l'adoration d'une idole par les Templiers ne semble pas pouvoir faire de doute. Henri Martin (t. IV) rapporte que chaque chapitre possédait une tête humaine à longue barbe blanche, ayant à la place des yeux, escarboucles reluisantes comme la clarté du ciel, certaines de ces idoles étaient à trois faces et montées sur quatre pieds; on en avait saisi une au Temple de Paris.

D'autre part, Éliphas Levi nous décrit : « le Baphomet des Templiers dont le nom doit, dit-il, s'épeler cabalistiquement en sens inverse : TEM OPH AB, *Templi omnium pacis hominum abbas,* le père du Temple, paix universelle des hommes... Un coffret sculpté a été déterré dernièrement dans les ruines d'une ancienne commanderie du Temple, et les antiquaires y ont observé une figure baphométique... cette figure est barbue (tête de bouc) avec un corps entier de femme. Elle tient d'une main le soleil et de l'autre la lune... le signe a été trouvé obscène et diabolique par les savants qui l'observé. » *(Rituel,* p. 241.)

La culpabilité des Templiers ne peut plus faire l'ombre d'un doute.[37] Michelet a publié, en effet, dans la *Collection des documents inédits sur l'histoire de France* l'acte le plus important du

---

[37] De récentes découvertes établissent que la plupart des faits allégués étaient de la plus exacte exactitude. Il est démontré aujourd'hui que les Templiers étaient une branche du gnosticisme et qu'ils avaient adopté, en grande partie, les doctrines et les allégories des ophites... » (F∴ Clavel, *Histoire pittoresque de la* F∴ p. 355).

procès des Templiers. C'est l'interrogatoire —
copié sur les minutes mêmes — que le grand-
maître et 231 chevaliers subirent à Paris devant
les commissaires pontificaux : « Cet
interrogatoire fut conduit *lentement, avec
beaucoup de ménagements et de douceur* par de
hauts dignitaires ecclésiastiques, un archevêque
et plusieurs évêques. » *(Procès des Templiers,* par
Michelet.)

Or, les chevaliers, questionnés librement, *sans
torture,* sous la seule foi de dire la vérité,
avouèrent tous les crimes qui leur étaient
reprochés. Les mêmes aveux furent enregistrés
en Normandie, Auvergne, Champagne, en
Angleterre et en Italie. Un tiers seulement
environ des Templiers fut reconnu innocent.
(Voir aussi *Traité sur la condamnation des
Templiers,* par Dupuy, Paris 1700.)

Détail curieux, révélé à l'instruction : pendant la

réunion des chapitres, toutes les portes du Temple ou de l'église étaient fermées, et des sentinelles placées sur les toits mêmes, pour éviter les regards indiscrets. Or, les F∴ M∴ ont coutume de dire, lorsque l'entrée de la Loge est gardée pendant les tenues : *le Temple est couvert !*

Ce fut dans la nuit du 12 au 13 novembre 1307 que par toute la France, les Templiers furent arrêtés sur l'ordre de Philippe le Bel. La Sicile, l'Italie, la Castille, l'Angleterre, l'Aragon suivirent l'exemple de la France.

Le procès se prolongea pendant plusieurs années, présentant des garanties absolues d'impartialité (V. Barruel, t, II). Enfin le pape Clément V, après une enquête personnelle et approfondie à Poitiers, lance contre l'Ordre jusqu'à sept bulles consécutives (1308) et en 1310 survint une dernière bulle pour ordonner le jugement définitif des Templiers.[38] Le concile de Vienne, à la date du 11 avril 1312, abolit l'Ordre du Temple, ou plus exactement le suspendit indéfiniment (V. texte intégral de la Bulle *Vox in excelso* dans Loiseleur).

Le 10 mai 1311, en face de l'abbaye Saint-Antoine, on brûle un premier condamné ; d'autres exécutions eurent lieu à Paris, en

---

[38] Sur le témoignage d'un historien du XIIIe siècle, Villani, on a pensé jusqu'à nos jours que la condamnation des Templiers par le Pape était le résultat d'un pacte conclu à Saint-Jean d'Angély, en mai 1305, entre Philippe le Bel et Bertrand de Got, archevêque de Bordeaux, élu Pape sous le nom de Clément V, grâce à l'appui que lui aurait donné le roi de France en récompense de ce marchandage.

M. Rabouis, professeur à la faculté des lettres de Bordeaux, a réduit cette fable à néant. Du *Journal des visites pastorales* de l'archevêque, il résulte que du 13 mai 1304 au 22 juin 1305 et même an avril, Bertrand de Got n'a pas pu se rencontrer avec le Roi. *(Dict. Apol.* Jaugey, p. 3039.)

Provence, en Piémont. Enfin le 18 mars 1313,[39] le Grand-Maître Jacques de Molay monte sur l'échafaud dressé dans l'île située entre les jardins du roi et les Augustins, à l'endroit exact où se trouve actuellement la statue de Henri IV, sur le terre-plein du Pont-Neuf.

Remarquons cependant que 30.000 à 40.000 chevaliers ne furent condamnés qu'à des pénitences canoniques.

---

[39] La date de l'exécution de Molay n'est pas définitivement fixée; Henri Martin, Bouillet, Collin de Plancy donnent la date du 18 mars 1314. Il n'y aurait là qu'une apparente contradiction; redit de Roussillon (1564) ayant, sous Charles IX, changé le calendrier et reporté le début de l'année, de Pâques au 1er janvier ; la mort de Molay aurait eu lieu en 1313 ou en 1314 suivant le système adopte.

Selon Barruel, l'exécution remonterait à 1311, les commissaires envoyés par Clément V n'ayant séjourné à Paris que d'août 1309 à mai 1311. Ils durent assister certainement, d'après lui, aux derniers moments du Grand-Maître.

Le lendemain, rapporte Cadet de Gassicourt (p. 20), le chevalier Aumont et sept Templiers *déguisés en maçons* recueillent pieusement les cendres du bûcher.

L'ordre des *Francs-Maçons* a pris naissance[40] (Guaita, p. 287.)

Du fond de sa prison, Jacques Molay aurait déjà créé quatre loges-mères : pour l'Orient, Naples; pour l'Occident, Édimbourg; pour le Nord, Stockholm, et pour le Midi, Paris *(Tomb. de J. Molay*, p. 23).

Aussitôt après la mort du Grand-Maître, les quatre Loges s'organisent et tous les membres y prêtent serment : « *d'exterminer tous les rois et la*

---

[40] « Les survivants du massacre se réunirent à nouveau et donnèrent naissance à la Société des Rose-Croix, puis à la Franc-Maçonnerie. » *(Infiltrations mac.˙. dans l'Église* par l'abbé Barbier p. 51.)

race des Capétiens, de détruire la puissance du pape, de prêcher la liberté des peuples et de fonder une République Universelle) (id., p. 26), objectifs poursuivis de nos jours encore par la secte internationale !

Ainsi, d'après les écrivains *initiés,* les événements de la Révolution, avec son cortège d'horreurs et de massacres, furent le « choc en retour », à cinq siècles de distance, de la condamnation des Templiers par la Monarchie et la Papauté. « Dix-sept cent quatre-vingt-treize fut une réplique foudroyante à l'inique (?) arrêt de treize cent douze » (Guaita, p. 292). Une immense société secrète s'était constituée clandestinement sur les débris de l'Ordre.

« Désormais, la vengeance préparait dans l'ombre les mines et les contre-mines dont l'explosion nous terrifiera, quatre cent cinquante ans plus tard : dans l'attente de cette épouvantable et tardive riposte, elle décimait, l'un après l'autre, tous les assassins de Jacques Molay. (id., p. 293).

« En brisant l'épée des Templiers, on en avait fait des poignards, et leurs truelles proscrites ne maçonnaient plus que des tombeaux. » (Éliphas Levi, *Histoire de la Magie)*.

Jean De Lannoy

CHAPITRE IV

Préparation de la vengeance

Nous sommes en 1717. Le 24 juin, se tient, à l'auberge du Pommier, à Londres, une réunion due à l'initiative des Rosicruciens Desaguliers et Anderson. Là, se constitue définitivement la Franc-Maçonnerie par la fusion des divers groupements secrets existant alors : « Le courant alchimiste, les restes des *Templiers,* et la Fraternité de la Rose-Croix. » (Papus, *Traité méthodique des sciences occultes,* p. 68g).

La secte maç∴ s'implanta à Paris, le 13 juin

1736. « La première Loge fut installée rue des Boucheries, par le comte de Derwent-Water, délégué fondé de pouvoir de la Grande Loge d'Angleterre. » (Papus, *loc. cit.*, p. 726)[41]

Enfin, en 1785, à la veille de la Révolution, par suite de scissions dues à des causes diverses, la F.-M∴ présente en France les groupements suivants :

1. Le *Martinisme* fondé en 1754 par le Rose-Croix Martinès de Pasquallis ; il s'occupa surtout de la direction intellectuelle des travaux maçonniques, et

---

[41] La première loge dont l'établissement en France soit historiquement prouvé est celle que la Grande Loge de Londres institua à Dunkerque en 1721 sous le titre *Amitié et Fraternité.* La deuxième fut fondée en 1725, par lord Denvent-Water ; elle se réunissait chez Hure, traiteur anglais, dans la rue des Boucheries, faubourg Saint-Honoré. (F∴ Clavel, *Hist. pittoresque,* p. 108.) — Ici encore nous relevons des divergences entre les faits et les dates donnés par deux auteurs F.-M∴

fort peu de politique ;

2. Le Grand-Orient, constitué le 24 décembre 1772 ;

3. Le Grand-Chapitre général de France, issu en 1782 du système écossais, institué par Ramsay, dès 1728. Les Frères écossais étaient tous pourvus de hauts grades.

Ces deux derniers groupements, qui fusionnèrent d'ailleurs en 1786, sont les vrais auteurs de la Révolution. S'il faut en croire Papus, les F.-M.∴ du Grand- Chapitre furent les « fomentateurs, les inspirateurs », ceux du Grand-Orient, « leurs dociles agents ». Ces renseignements sont fournis par une brochure introuvable de Papus : *L'État des Sociétés secrètes à l'époque de la Révolution.*

Dans le système écossais ou du Grand-Chapitre, on s'attachait « à faire de chaque

Frère un vengeur de l'Ordre du Temple »
(Papus). Ce qui lui valut le nom de *rite templier.*
« Les membres les plus éminents sont animés
du désir de venger Jacobus Burgundus Molay et
ses compagnons de l'assassinat dont ils ont été
victimes de la part de deux puissances
tyranniques : la Royauté et la Papauté » (Papus).
Les adeptes du Chapitre étaient peu nombreux,
mais instruits et disciplinés. Leur suprême
habileté fut de fusionner avec le Grand-Orient
de France, qui représentait le nombre, et de le
diriger dans un sens nettement révolutionnaire.

Il nous faut encore signaler d'une façon
particulière l'*Illuminisme* issu, lui aussi, du
système écossais, et qui eut une telle action sur
la Révolution française. Le baron de Hundt fut
le créateur de cette haute maçonnerie en
Allemagne, mais son véritable organisateur
devait être le fameux Weishaupt, « professeur

canonique à l'Université d'Ingolstadt, un des plus profonds conspirateurs qui aient jamais existé. » (Louis Blanc, *Histoire de la Révolution française*, t. II, p. 73.)

Écoutons Louis Blanc nous tracer à grands traits, mais de main de maître, le plan gigantesque et infernal de cet homme : « Par le seul attrait du mystère, par la seule puissance de l'association, soumettre à une même volonté et animer d'un même souffle des milliers d'hommes pris dans chaque partie du monde, mais d'abord en Allemagne et en France; faire de ces hommes, au moyen d'une éducation lente et graduée, des êtres entièrement nouveaux ; les rendre obéissants jusqu'au délire, jusqu'à la mort, à des chefs invisibles et ignorés ; avec une légion pareille, peser secrètement sur les cœurs, envelopper les souverains, diriger à leur insu les gouvernements et mener l'Europe à ce point que toute *superstition* (lisez catholicisme) fut *anéantie,* toute *monarchie abattue,* tout privilège de naissance déclaré injuste, le droit même de propriété aboli... »

Weishaupt lui-même le déclarait :

« Le grand art de rendre infaillible une révolution quelconque, c'est *d'éclairer* le peuple, c'est-à-dire d'amener *insensiblement* l'opinion publique à désirer, à vouloir, à exiger les changements qui sont l'objet de la révolution *voulue.* »

C'est l'Illuminisme, nous l'avons vu, qui donna à Saint-Germain et à Cagliostro leur mission à travers l'Europe. Ils contribuèrent ainsi à « Illuminiser » les Loges maçonniques, c'est-à-dire à mettre ces dernières, composées de la foule des maçons ignorants, dans la main, sous la direction absolue des arrières-Loges *d'initiés.*

C'est encore l'illuminisme qui avait inspiré à Cagliostro sa fameuse devise L.D.P., *Lilia destrue pedibus,* arcane des néo-Templiers, sentence prononcée depuis près de cinq siècles contre les héritiers de Philippe le Bel.

Période d'exécution

À partir du convent de Wilhelmsbad (16 juillet 1782), nous entrons dans la période d'exécution. La F.-M.∴ sort de ce congrès mondial, qui dura six mois, enfin « constituée dans son entière unité d'intention et d'action » vers la Révolution. Nous avons déjà cité *les* impressions du comte de Virieu, qui y avait assisté; il était revenu terrifié de la conspiration qui se tramait. Mais cette unité d'action ne laissa pas que d'être délicate à réaliser.

Le représentant de Weishaupt, à cette assemblée de Wilhelmsbad, réunion des sectes les plus variées, l'Illuminé Knigge (Philon, de son nom de guerre), avait eu pour mission secrète de parvenir à placer sous la dépendance absolue de l'Illuminisme les nombreuses sociétés occultes alors existantes, et de les fédérer en une union de tous les systèmes maçonniques.

Son objectif fut de gagner tout d'abord les maçons *Templiers* de la *stricte observance,* dont il connaissait les secrets pour avoir fréquenté leurs Loges. Mais à ses avances, il reçut pour toute réponse d'avoir à « envoyer ses papiers ou de les présenter au convent ; que l'on verrait ce qu'on pourrait en prendre et ce qu'il faudrait en laisser ». *(Derniers éclaircissements de Philon-Knigge,* p. 83.)

Là-dessus, Knigge résolut de changer de tactique, il les attaqua un à un, gagna ensuite tout le corps, Loge par Loge *(ibid.).*

Il réussit au-delà de ses espérances; le résultat fut que, malgré la confusion qui régna au cours des longues délibérations du convent, l'unité de direction des Loges maçonniques resta à l'Illuminisme issu, nous le rappelons, du système écossais, c'est-à-dire de rite Templier. Il devint en somme l'état-major actionnant secrètement les troupes nombreuses qui étaient déjà embrigadées dans les Loges maçonniques. « À dater de l'instant où tous ces députés maçonniques furent Illuminés, les progrès de la secte bavaroise deviennent menaçants ; et ils sont si rapides que bientôt l'univers sera rempli de conjurés. Leur centre désormais est à Francfort, auprès de Knigge... Autour de lui, bientôt les Loges se multiplient... » (Cité par Barruel, t. IV, d'après les *Écrits originaux* de Weishaupt.)

En 1786, au convent de Francfort, les *exécutions* sont résolues : « Le meurtre du roi de Suède et de Louis XVI y furent décrétés. MM. de Raymond et de Bouligney revinrent consternés, en promettant de ne plus jamais remettre les pieds dans une Loge. » (Lettre de S. Em. le

cardinal Mathieu, archevêque de Besançon, à
M. Robinet de Cléry, le 7 août 1875, citée dans
la *Fr.-M.∴ démasquée,* janvier 1897.)

A quelque temps de là, « les empereurs Joseph
II (1790) et Léopold (1792), qui avaient pénétré
les secrets des Illuminés, furent victimes de
l'*Aqua Toffana* » *(Des Sociétés secrètes en
Allemagne, de la secte des Illuminés.* Anonyme.
Paris, Gide, 1819.)[42]

II n'entre pas dans notre plan de raconter,
même à grands traits, les principaux événements
de la Révolution, les émeutes, les incendies

---

[42] L'empereur périt bientôt victime des ennemis jurés des rois ;
Léopold ne tarda pas à le suivre. Le valet de chambre de
l'empereur, soupçonné d'avoir empoisonné son maître et
Léopold, a fait dans ses interrogatoires l'aveu de ces deux crimes
et a déclaré en avoir reçu le salaire du duc d'Orléans. (Voyez le
Journal des Jacobins à cette époque, article Correspondance. —
Tombeau de J. Molay, p. 66).

éclatant de toutes parts, la panique universelle, le carnage, la Terreur, en un mot, cette *grande Peur*[43] qui régna en maîtresse sur la France. Notre rôle se borne seulement à montrer que cet *élan irrésistible* avait été préparé de longue main.

---

[43] Sur la *Grande Peur*, consulter *Marie-Antoinette et le Complot maç.·.* par Louis Dasté, p. 304 et 5.

PROFANATIONS PRÉDITES

En 1789, parut une brochure anonyme, que l'on attribue au marquis de Luchet : *Essai sur la secte des Illuminés.* Les travaux, les épreuves, les serments des adeptes de l'Illluminisme y sont décrits ; et après avoir énuméré les diverses sectes secrètes existant depuis le XVIIe siècle, M. de Luchet fait des révélations véritablement prophétiques : « Tous, écrit-il, se croient appelés à faire une Révolution, tous la préparent... Que de maux préviendrait celui qui l'étoufferait (la secte des Illuminés) au berceau. O mes concitoyens, s'écrie-t-il dans sa préface, croyez que nous ne répandons pas de fausses alarmes ; nous avons écrit avec un assez grand courage, et nous sommes loin d'avoir tout dit..., il s'agit bien d'égards, de ménagements et de politesses avec des hommes de fer, qui, le poignard à la main, marquent leurs victimes... »

Et plus loin, après avoir donné le texte des horribles serments imposés aux conjurés, il ajoute : « Les mystères se célèbrent aujourd'hui dans des lieux retirés et presque inconnus ; dans vingt ans, ils se célébreront dans les temples (catholiques). » Quatre ans plus tard, une prostituée, représentant la déesse Raison, trônait sur l'autel de Notre-Dame ![44]

Mieux encore, était-ce donc par une sorte d'inspiration prophétique, que le P. Beauregard, lui aussi, annonçait treize ans à l'avance, du haut de la chaire de Notre-Dame de Paris,

---

[44] Au convent de 1883, le F∴ Blatin déclarait de même : « Dans les églises élevées de toutes parts, depuis des siècles, aux superstitions religieuses et aux suprématies sacerdotales, nous serons peut-être autorisés à notre tour à prêcher nos doctrines ; au lieu des psalmodies cléricales qui résonnent encore, ce sont les maillets, les batteries et les acclamations de notre ordre qui en feront retentir les larges piliers ! » Tel est le sort réservé par les FF∴ à nos églises : profanation ou démolition...

l'explosion révolutionnaire, et en décrivait une des scènes les plus honteuses et les plus sacrilèges ? N'était-ce pas là plutôt la simple divulgation d'une confidence qu'il avait reçue d'un *Initié* ?

« Oui, c'est au Roi, s'écriait-il, au Roi et à la Religion que les philosophes en veulent ; la hache et le marteau sont dans leurs mains ; ils n'attendent que l'instant favorable pour renverser le trône et l'autel ! Oui, vos temples, Seigneur, seront dépouillés et détruits, vos fêtes abolies, votre nom blasphémé, votre culte proscrit ! — Mais, qu'entends-je, grand Dieu ! que vois-je ! Aux cantiques inspirés qui faisaient retentir ces voûtes sacrées en votre honneur, succèdent des chants lubriques et profanes ! Et toi, divinité infâme du Paganisme, impudique Vénus, tu viens ici même prendre audacieusement la place du Dieu vivant, t'asseoir sur le trône du Saint des Saints et y recevoir l'encens coupable de tes nouveaux adorateurs ! »

Le culte infâme de la déesse Raison à Notre-Dame, annoncé et décrit treize années auparavant ; voilà qui ébranle singulièrement la légende de la *spontanéité* et de *l'anarchie* révolutionnaires. Cette puissance mystérieuse, ce plan combiné, cette consigne secrète, ce langage convenu, cette effervescence subite, ces signes et mots de passe que les historiens commencent timidement à reconnaître, dont ils signalent vaguement l'existence à travers ces événements, tous ces faits déconcertants au premier abord, appelons-les donc de leur vrai nom : c'étaient les volontés secrètes des arrière-Loges, les ordres dictés par elles qui s'exécutaient.

PLAN DE DUPORT

Écoutons M. de Molleville, ministre de Louis XVI ; il nous prouvera, une fois de plus, que tous les crimes avaient été prémédités, notamment dans le comité de propagande de la Loge les *Amis Réunis,* en juin 1789.

... Après de longues discussions sur ce mémoire (d'Adrien Duport), Lafayette... prit la parole et dit à Duport : « Voilà sans doute un très grand plan ; mais quels sont les moyens d'exécution ? En connaissez-vous qui soient capables de vaincre toutes les résistances auxquelles il faut s'attendre ? Vous n'en indiquez aucun. — Il est vrai que je n'en ai point encore parlé, répondit Duport, en poussant un profond soupir ; j'y ai beaucoup réfléchi... j'en connais de sûrs... ; mais ils sont d'une nature telle, que je frémis moi-même d'y penser... Ce n'est que par les *moyens de terreur* qu'on parvient à se mettre à la tête d'une révolution... Il faut donc, quelque répugnance que nous y ayons tous, se résigner au sacrifice de quelques personnes marquantes. » Il fit pressentir que Foulon devait être la première victime... M. Berthier est généralement détesté; on ne peut empêcher qu'il ne soit massacré !...

Des instructions conformes à ce plan furent données aux principaux agents du comité des insurrections, qui était déjà organisé ; l'exécution suivit de près : le massacre de MM. de Launay, de Flesselles, Foulon et Berthier, et leurs têtes promenées au bout d'une pique furent les premiers effets de cette conspiration *philanthropique !* Marmontel avait connu ce plan par Chamfort, qui le tenait lui-même de Mirabeau. Il écrit dans ses *Mémoires :* « L'argent surtout et l'espoir du pillage sont tout puissants parmi ce peuple. Nous venons d'en faire l'essai au faubourg Saint-Antoine et l'on ne saurait croire combien peu il en a coûté au duc d'Orléans pour faire saccager la manufacture de cet honnête Réveillon, qui, dans ce même peuple, fait subsister cent familles. Mirabeau soutient plaisamment qu'avec un millier de louis on peut faire une sédition. »

« On voyait des gens exciter le tumulte et même distribuer de l'argent », et Duport serait, d'après Louis Blanc, l'organisateur des massacres de Paris et des extraordinaires paniques qui se répandirent simultanément d'un bout du territoire à l'autre, affolant, terrifiant les populations : « Les *brigands,* disait-on, arrivent, ils pillent les demeures, incendient les récoltes, égorgent les femmes et les enfants... » *(Les Brigands,* Funck-Brentano.)

LES BRIGANDS

Le jour de l'insurrection générale est fixé au 14 juillet 1789... Paris est hérissé de haches, de baïonnettes et de piques ; la Bastille est tombée ; les courriers qui en portent la nouvelle aux provinces, reviennent en disant que partout ils ont vu les villages et les villes en insurrection ; que sur toute la route les cris de liberté et d'égalité retentissent, tout comme auprès des Frères de la capitale. En ce jour, il n'est plus de Loges, plus d'antres maçonniques. Vous ne trouverez plus les vrais adeptes qu'aux sections, aux hôtels de ville et aux Comités révolutionnaires. Comme ils ont dominé aux Assemblées électorales, ils dominent à l'Assemblée dite nationale. Leurs *brigands* ont essayé leurs forces ; les barrières dans Paris sont brûlées ; en province, les châteaux sont incendiés, le redoutable jeu des lanternes a commencé ; des têtes ont été portées sur des piques ; le monarque a été assiégé dans son château ; ses gardes ont été immolés... Abrégeons le souvenir de ces horreurs ; mais revenons à la main qui en conduit la chaîne et qui les organise.

L'art des correspondances a fait sortir les Frères de leurs Loges ; et la France a offert le spectacle d'un million de furies, au *même jour* poussant partout les mêmes cris, exerçant partout les mêmes ravages. Quels hommes ont présidé à ces premiers désastres ? Mirabeau, Barnave, Chapelier, Glezen, Pétion, etc., qui ont fixé à l'avance l'instant et le mode de l'insurrection.[45]

Dès juin 1788, ils avaient envoyé leurs instructions jusqu'aux extrémités du territoire. Tous les vénérables furent avertis d'en accuser

---

[45] Barruel, tome V.

réception, de joindre à leur réponse le serment d'exécuter fidèlement et ponctuellement tous les ordres qui arriveraient par la même voie. Ceux qui hésitaient étaient menacés de l'*Aqua Tophana* et des poignards qui attendent les traîtres. (Circulaire du Comité central du Grand-Orient, juin 1788. V. Barruel, t. II, p. 326, et d'Estampes, *La F. M.·. et la Révolution,* p. 198.)

Les chefs peuvent maintenant sortir de leurs antres et pour tout diriger s'installer dans un couvent, dans une église, aux *Jacobins,* qui va devenir le lieu de rendez-vous des adeptes avancés des Loges, le centre choisi par les *brigands.*

Les *brigands,* terme infamant qui doit rester la marque, la caractéristique des hommes de 1793.

En effet, confirme Barruel, Brissot, à la tête des

Girondins, président de la Commission extraordinaire constituée au sein de l'Assemblée nationale, Brissot initié à tous les mystères du club d'Holbach, complotait depuis plus d'une année en secret (1790) le déchaînement suprême.

Mais toutes ses visées tendaient à faire accréditer la légende d'un mouvement national et spontané, d'une Révolution voulue, sollicitée par le peuple. Contrairement à ses désirs, les émissaires envoyés par lui dans les provinces, lui rapportèrent que le pays était resté profondément attaché à son Roi. La grande majorité de l'Assemblée semblait penser comme le pays. Alors, il n'hésita plus ; il appela à lui les *brigands,* que la Révolution avait réunis à Brest et dans le Midi (ces derniers portaient le nom de *Marseillais),* et d'accord avec les chefs des Jacobins, il activa le mouvement insurrectionnel et déchaîna l'émeute, avec son cortège d'infamies, d'horreurs, de scènes de cannibalisme. Le lieu de réunion des complices était tantôt chez Robespierre, tantôt à l'auberge du *Soleil d'Or*, près de la Bastille « Marat, et Prudhomme, et Millin, et tous les journalistes du parti ajoutent chaque jour aux calomnies contre Louis et son épouse. Alexandre et Chabot soufflent la rage aux faubourgs Saint-Antoine et Saint-Marceau. Philippe d'Orléans les sert tous de son argent et de son parti, parce qu'il espère se servir de tous pour monter sur le trône, après en avoir précipité Louis XVI... ! » (Barruel, t. V, p. 148.)

LES SIGNES MAÇONNIQUES

« Dans tout moment d'émeute, ajoute Barruel, soit à l'Hôtel de Ville, soit aux Carmes, les vrais signes de ralliement, le vrai moyen de fraterniser avec les brigands étaient les *signes maçonniques!* Dans l'instant des massacres même, les bourreaux tendaient la main *en Francs-Maçons* à ceux des simples spectateurs qui les approchaient. Ils les accueillaient ou bien les repoussaient suivant qu'ils les trouvaient experts ou ignorants dans la réponse. J'ai vu un homme du bas peuple qui m'a lui-même répété la manière maçonnique dont les bourreaux lui présentaient la main, et qui fut repoussé par eux avec mépris parce qu'il ne savait pas répondre, tandis que d'autres plus instruits étaient au même signe accueillis d'un sourire au milieu du carnage. J'ai vu même un abbé que ce signe maçonnique sauva des brigands à l'Hôtel de

Ville » (t. V).

Et une fois leur journée finie, où allaient ces hommes de carnage et de sang soudoyés pour accomplir un tel ouvrage ? « Mais chez Mirabeau, Chapelier ou Barnave, *à l'ordinaire.* » Ainsi ces législateurs donnaient audience et dictaient chaque jour leur consigne à ces monstres, aux *brigands.* Les bourreaux recrutés dans les faubourgs et dans les carrières, payés,[46]

---

[46] « Mais ce qui ajoute réellement à l'horreur des massacres, c'est que les exécuteurs aillent, les jours suivants, toucher à la caisse du Comité de Surveillance de la Commune le salaire qui leur fut promis ; et, comme pour braver cette ignominie, les ordonnateurs du paiement en garderont les preuves. On trouvera longtemps après, dans le dépôt de la comptabilité du Conseil de la Commune, des bons signés : Tallien, Méhée.

« Une nouvelle preuve que ces *massacres furent organisés* et qu'ils ne furent point le pur ouvrage du hasard et de la circonstance, comme l'ont prétendu leurs apologistes, c'est que les mêmes formes de jugement, et jusqu'aux mêmes termes, furent employés dans toutes les prisons, c'est qu'on se servit dans toutes du mot

enivrés[47] par Necker et par Philippe-Égalité qui

---

dérisoire *d'élargissement* pour en faire un signal de mort. »
(Mont-gaillard, *Hist. de France,* t. III, p. 208 et suiv. — Cité
dans *la Névrose révolutionnaire* des Drs Cabanes et Nass, p. 73.)
Les bourreaux n'ont donc fait qu'exécuter les ordres qu'ils avaient
reçus.

Sur les massacres de septembre et la *comédie* de Valmy, lire :
Valmy, les diamants de la couronne de France et les dépouilles des
victimes des 2 et 3 septembre, rançon de la République, par Léon
Pages, in-12, Paris, 1878.

[47] Il paraît avéré aujourd'hui que les septembriseurs étaient ivres ;
auraient-ils pu accomplir sans cela leur tâche sanglante ? Nous
ne citerons, à l'appui de notre dire, que deux témoignages, mais
il ne serait pas malaisé d'en recueillir d'autres :

« Une centaine de sicaires altérés de sang, ivres de rage, de vin,
de liqueurs fortes mélangées d'une drogue particulière qui
rendait furieux, armés de sabres, de haches, de piques, de
pistolets et de baïonnettes, se réunissent au son du chant
marseillais et demandent, aux cris de *Vive la nation !* qu'on leur
livre tous les conspirateurs. » (Montgaillard, *Hist. de France,* t.
III, p. 190. — Cité dans *la Névrose révolutionnaire.)*

« Alors les massacreurs, accablés de fatigue et ne pouvant plus
lever les bras, quoiqu'ils ne cessassent de boire de l'eau-de-vie
dans laquelle Manuel, procureur général de la Commune, avait
fait mettre de la poudre à canon pour entretenir leur fureur,

y épuisa ses coffres : voilà qui est fantastique, et pourtant rien n'est plus vrai. Philippe d'Orléans croyait saisir les rênes de l'État après la mort du roi. Il eût peut-être réussi, « mais les Initiés se divisèrent, la perte des Bourbons *jurée par les Templiers*, ne lui permettait de gouverner qu'en perdant son nom ; il crut qu'il suffirait d'y renoncer. Il renia son père à la tribune des Jacobins, il protesta que sa mère... Il supplia humblement qu'on lui ôtât son nom et il prit celui *d'Égalité*.[48] Mais Robespierre avait déjà un

---

s'assirent en rond sur les cadavres et reprirent haleine. Une femme, portant un panier de petits pains, vint à passer ; ils les lui prirent et les mangèrent en trempant chaque morceau dans les plaies de leurs victimes palpitantes. Ici la plume tombe des mains. » *(Hist. des événements*, 1793, par M. de la Varenne, p. 4oo. — Cité dans *la Névrose révolutionnaire.)*

[48] On lit sur le registre des délibérations de la Commune de Paris, à la date du 15 septembre 1792 : « Sur la demande de Louis-Philippe-Joseph, prince français, le Conseil général arrête : « Louis-Philippe-Joseph et sa postérité porteront désormais pour « nom de famille « *Égalité*. »

parti et d'Orléans, méprisé même de ses complices, fut sacrifié. »[49] *(Tombeau de Jacques Molay,* p. 64. Voir aussi Turquan, *Madame de Montesson,* p. 65.)

L'auteur anonyme des *Sociétés secrètes en Allemagne* (1819) avait donc bien raison d'écrire : « Pour trouver la clé des révolutions, depuis le supplice de Charles Ier jusqu'à celui de Louis XVI, il faut toujours en revenir à cette secte intraitable. Le bonnet rouge que nous

---

Ce prince avait aussi enlevé les fleurs de lis de son écusson, ce qui lui valut cette épigramme :

> « Un ci-devant prince de Gaule,
>
> « Mais qui n'est qu'un franc polisson,
>
> « Fait ôter de son écusson
>
> « Ce qui lui manque sur l'épaule. »

Allusion à la *marque* fleur de lis qu'on imprimait au fer rouge sur l'épaule de certains condamnés. (Cité dans *la Névrose révolutionnaire,* p. 347.)

[49] « Ce misérable me donne mal au cœur », s'écria un soir Danton, après l'avoir entendu (Turquan, id., p. 66).

avons vu en 1793 devenir l'emblème des Jacobins, fut l'ornement des Indépendants britanniques lorsque Cromwell s'éleva au pouvoir. Sans aller plus loin, n'est-il pas singulier qu'au plus fort de notre Révolution les premiers rôles fussent remplis par les Pache, les Marat, les Clootz, les Lazowski, les Buonarotti, les Miranda, tous Illuminés suisses, allemands, polonais, italiens, espagnols (p. 179) !...

« Jamais les Illuminés ne s'étaient vus si puissants ; ils disposaient en 1793 de la hache du bourreau. Le génie, la valeur, les vertus, tout passa sous le fatal niveau de la guillotine... Rien ne fut épargné : on vit disparaître sous la faux des Illuminés triomphants tout ce qu'il y avait de majestueux et de sublime, il ne resta que la *bande noire* » (p. 180).

CHAPITRE V

EXÉCUTION DE LA VENGEANCE (SUITE).
ESTAMPILLE TEMPLIÈRE

Mais si l'on examine de près les faits même de la Révolution, on voit qu'ils portent leur estampille templière et qu'ils viennent ainsi plaider en faveur de notre thèse.

« Le nom de *Jacobin* vient de *Jacobus Molay*, et non comme on le croit communément de l'église des religieux jacobins, lieu de réunion que la secte occulte de la Maçonnerie dut, à raison même de la coïncidence nominale, choisir de préférence à tout autre. Ces conspirateurs avaient antérieurement fondé rue Platrière une loge Jean-Jacgues-Rousseau, dans la maison du publiciste fameux dont le parti de Robespierre devait réaliser les théories. Lors de l'inauguration de cette fameuse loge, le *jacobinisme* était déjà nommé de longue date. Mais la connaissance de cette dénomination trop significative était réservée aux seuls maîtres. » (Guaita, p. 311).

Cadet de Gassicourt *(Tombeau de J. Molay,* p. 27-28) donne sur ce sujet des détails très intéressants que nous n'avons pas la place de reproduire.

« Pour nous, écrit Guaita, notre but est de faire voir la fille du Temple proscrit, cette *Maçonnerie occulte,* se déguisant, insaisissable et multiforme derrière les mille sectes d'Illuminés qu'elle a su grouper autour d'elle, et préparant dans l'ombre, *per fas et nejas,* elle aussi, la réplique vengeresse et souveraine aux bulles de Clément V comme aux ordonnances de Philippe le Bel.

« Il est, insiste encore St. de Guaita, des coïncidences bien éloquentes et dont la constatation prête singulièrement à réfléchir, Ainsi les héritiers de *Jacobus* ou de *Jacques* Molay, les descendants et les continuateurs de ces bandits que le moyen âge a nommés les *Jacques,* après avoir fixé leur résidence dans la maison même de Jean-*Jacques* (le philosophe par excellence de la Révolution), finissent par s'établir aux *Jacobins;* c'est sous le nom de *Jacobinisme* qu'ils exaltent et propagent leurs doctrines incendiaires.

« À ceux que de pareils rapprochements (déjà notés par Éliphas Lévi) font sourire de compassion, comment insinuer qu'il y a peut-être quelque chose d'étrange et de significatif dans le choix du local désigné par les Jacobins pour recevoir le pauvre roi déchu ? C'est le Luxembourg que l'Assemblée nationale, vu les réparations urgentes aux Tuileries, avait attribué pour résidence à Louis XVI après la journée du 10 août. Mais les Jacobins ne sauraient tolérer que le successeur de Philippe le Bel trouvât dans ce palais un asile décent à sa majesté méconnue. C'est une prison qu'il faut à leur vengeance; et quelle prison, le *Temple,* la Tour, lieu de détention même des anciens Templiers »[50]

Cadet de Gassicourt revient encore sur tous ces rapprochements extraordinaires. « C'est par la prise de la Bastille que commença la Révolution et les Initiés la désignèrent au peuple parce qu'elle avait été la prison de *Jacques Molay.*

---

[50] *Temple de Satan,* p. 314.

Avignon fut le théâtre des plus grandes atrocités parce qu'il appartenait au pape et parce qu'il renfermait les cendres du Grand-Maître. Toutes les statues des rois furent abattues, afin de faire disparaître celle de Henri IV qui couvrait la place où Jacques Molay fut exécuté. C'est dans cette même place, et *non ailleurs,* que les Initiés voulaient faire élever un colosse foulant aux pieds des couronnes et des tiares, et ce colosse n'était que l'emblème des Templiers. Que de traits je pourrais rappeler ! Mais je me borne aux principaux faits » (p. 58).

Enfin, empruntons à Éliphas Levi, qui les narre si bien, l'une de ces anecdotes terriblement éloquentes de la Révolution française. Nous sommes en 1793.

« Le roi est captif au Temple et l'élite du clergé français en exil ou à l'Abbaye. Le canon tonnait sur le Pont-Neuf et des écriteaux menaçants proclamaient la Patrie en danger. Alors des hommes inconnus organisèrent le massacre. Un personnage hideux, gigantesque, à longue barbe, était partout où il y avait des prêtres à égorger. « Tiens, leur disait-il avec un ricanement sauvage, *voilà pour les Albigeois et les Vaudois !* « VOILA POUR LES TEMPLIERS. *Voilà pour la Saint-Barthélemy. Voilà pour les proscrits des Cévennes!* » Et il frappait avec rage, et il frappait avec le sabre, avec le couperet, avec la massue. Les armes se brisaient et se renouvelaient dans ses mains ; il était rouge de sang de la tête aux pieds, sa barbe en était toute collée, et il jurait avec des blasphèmes épouvantables qu'il ne la laverait qu'avec du sang.

« Ce fut lui qui proposa un toast à la nation à l'angélique Mlle de Sombreuil. » *(Histoire de la magie,* p. 444.)

LA MORT DE LOUIS XVI

Nous avons vu que Louis XVI et Gustave III avaient été condamnés à mort en 1786 au convent de Francfort. Déjà le roi de Suède était tombé sous les coups d'un domestique de l'Illuminé Ankastroëm, le 16 mars 1792, au cours d'un bal masqué.

Le roi de France allait bientôt monter sur l'échafaud, victime lui aussi d'un *honteux assassinat* suivant la parole courageuse prononcée par M. le baron Reille à la tribune de la Chambre. Jamais en effet, la Convention ne vota la mort du roi ; nous en avons maintenant la preuve.

Le baron Jean Debry, préfet du Doubs, franc-maçon, conventionnel et régicide, fut amené à faire des aveux sur le jugement et la mort de Louis XVI. Son vote pesait à sa conscience.

« J'étais parti de chez moi, disait-il, avec l'intention formelle de voter le bannissement du roi et non pas sa mort, je l'avais promis à ma femme. Arrivé à l'Assemblée, on me rappela d'un *signe* le serment des loges. Les menaces des tribunes achevèrent de me troubler : je votai la mort. » Jean Debry ajoutait d'un air mystérieux : « On ne saura jamais si Louis XVI a été réellement condamné à la majorité de cinq voix. » (D'Estampes, *la F. M.·. et la Révolution*, p. 213.)

La *Revue de la Révolution* a publié dans son numéro de février 1884 une étude fort intéressante et très fouillée de M. Gustave Bord sur cette question. En réalité, la majorité de la Convention n'a pas voté la mort de Louis XVI ; les sectaires qui occupaient le bureau proclamèrent un résultat qui n'était pas réel, pour accomplir le dessein arrêté depuis si longtemps dans les hautes loges. Le roi avait été irrévocablement condamné.., à Francfort, en 1786 ![51]

La séance avait duré deux jours et une nuit, rendant par sa longueur aisément réalisables toutes les falsifications de vote favorables à la secte. Certains députés et suppléants votèrent contre tout droit; quant au compte rendu du *Moniteur,* il fut « arrangé en conséquence ».

De même, John Robison, franc-maçon anglais, secrétaire de l'académie d'Édimbourg, publia en 1797 un livre intitulé : *Preuves des conspirations contre toutes les religions et tous les gouvernements de l'Europe ourdies dans les assemblées secrètes des Illuminés et des F. M∴* « J'ai vu, écrit-il, se former une association ayant pour but unique

---

[51] De nos jours encore, le Parlement n'est, le plus souvent, que l'enregistreur des décisions des convents maç∴.

de détruire jusque dans leur fondement tous les établissements religieux, et de renverser tous les gouvernements existant en Europe. J'ai vu cette association répandre ses systèmes avec un zèle si soutenu qu'elle est devenue presque irrésistible, et j'ai remarqué que les personnages qui ont le plus de part à la Révolution française étaient membres de cette association,[52] que leurs plans ont été conçus d'après ses principes et exécutés

---

[52] Remarquons, une fois pour toutes, que les principaux révolutionnaires sont des francs-maçons : les deux Garât, Condorcet, Barnave, les trois Lameth, l'abbé Sieyès, Boissy d'Anglas, Abbé Grégoire, Robespierre, Volney, Roederer, l'abbé Fauchet, Lafayette, duc d'Orléans, Bailly, Ghénier, dom Gerles, Pétion... (Cités dans *la F.-M.∴ et la Révolution,* par d'Estampes, p. 199.) Le *Dictionnaire d'occultisme* de Desormes et Basile (p. 172) mentionne également : Santerre, chef de la garde nationale, les, constituants Guillotin, Mirabeau, Le Chapelier, Gohier; les conventionnels Brissot, Cambacérès, Lazare Carnot, Carra, Danton, Camille Desmoulins, Fouché, Hébert, Lalande, Lepelletier de Saint-Fargeau, la Rével-lière-Lépeaux, Mercier, Saint-Just, etc.

avec son assistance. »

Un personnage plus autorisé encore, le comte de Haugwitz, ministre de Prusse, va, de sa haute autorité, confirmer ces faits.

C'était en 1822, au congrès de Vérone, où les souverains de l'Europe s'étaient réunis pour aviser aux mesures qu'il convenait de prendre contre les sociétés secrètes.

Le comte de Haugwitz y accompagna le roi de Prusse et dans son Mémoire, après avoir rappelé qu'il avait, dans sa jeunesse, occupé une situation des plus importantes dans la Franc-Maçonnerie, il s'exprime ainsi : « J'acquis alors la ferme résolution que le drame commencé en 1788 et 1789, la *Révolution française,* le *régicide avec toutes ses horreurs,* non seulement y avaient été résolus alors (dans les sociétés secrètes avant 1789), mais encore étaient le résultat des associations et des serments..., nous acquîmes la conviction que toutes les associations maçonniques, depuis la plus modeste jusqu'aux grades les plus élevés, ne peuvent se proposer... que d'exécuter les plans les plus criminels » (d'Estampes, p. 211).

Voilà la victime ![53] s'était écrié Mirabeau en montrant Louis XVI, lors de l'ouverture des États-Généraux. Or, ne l'oublions pas, Mirabeau était un haut initié qui n'ignorait rien des projets de la secte : il se bornait à faire de « l'information anticipée ».

---

[53] « Le meurtre du 21 janvier est, au point de vue de l'idéaliste, l'acte de matérialisme le plus hideux, la plus honteuse profession qu'on ait jamais faite d'ingratitude et de bassesse, de roturière vilenie et d'oubli du passé. » (Renan, la *Monarchie constitutionnelle* en *France*, 1870).

LA MORT DE MARIE-ANTOINETTE

De même, Marie-Antoinette, malgré son admirable attitude devant ses juges, ne pouvait échapper à l'arrêt secret qui avait fixé son sort. M. Lenôtre, dans son ouvrage *Captivité et mort de Marie-Antoinette* (p. 220), en a trouvé la preuve dans un livre anglais (dont nous avons déjà parlé), dû à un espion britannique, F. Dracke, qui, journellement, était tenu au courant des moindres faits et gestes de nos *grands incorruptibles.*

« C'est ici que se place une séance secrète du Comité de Salut public; elle eut lieu le 2 septembre, à onze heures du soir, non pas dans le local ordinaire des réunions, aux Tuileries, mais au domicile de Pache, maire de Paris... On y résolut la mort de la reine, celle des Brissotins et de tous les arrêtés du 31 mai.

Sur la reine, Cambon fit observer que Forgues disait qu'on était en traité avec Bruxelles et Vienne et avec la Prusse à cet égard, et que peut-être on pourrait, en effrayant, mais en éloignant le jugement, tirer grand parti de cet objet.

Hérault, Barrère, Jean Bon, Saint-André et Hébert s'élevèrent en furieux contre cette proposition ; que la vie de Louis XVI remplissait ce même objet dans tous ses points, qu'il fallait le sang de la reine pour associer le tribunal révolutionnaire à la Convention.

Hébert parla d'une manière plus marquante encore. Il dit : « *J'ai promis la tête d'Antoinette* ; j'irai la couper moi-même si on tarde à me la donner. Je l'ai promise aux sans-culottes qui la demandent et sans qui vous cessez d'être... Nous ne vivons donc que pour la *vengeance !* Elle peut être immense. En périssant, laissons à nos ennemis tous les germes de leur mort ; et en France, une destruction si grande, que jamais la marque n'en périsse. Il faut les entretenir (les sans-culottes) dans leur chaleur par la mort d'Antoinette et par le pillage des trésors de nos ennemis. »

On envoya chercher l'accusateur du tribunal révolutionnaire pour savoir ce qu'il prétendait faire au sujet de la reine.

Il dit qu'il fallait renouveler les jurés, car cinq étaient résolus à la servir ; que pour le tribunal, il fallait une mesure d'insurrection pour vaincre sa peur : que lui (accusateur public) résoudrait, avec le Comité, l'acte d'accusation comme on voudrait.

Voilà donc dans quel conciliabule secret fut fixé le sort de la reine. Le tribunal révolutionnaire, comme pour Louis XVI, comme pour tant d'autres nobles et innocentes victimes, n'avait plus, dès lors, qu'à enregistrer le jugement arrêté au cours de cette mystérieuse et sinistre séance nocturne. La vengeance des Templiers était en partie assouvie.[54]

---

[54] Même à cette époque tragique, la plaisanterie populaire ne perd pas ses droits. Les condamnés emportés à l'échafaud dans le *vis-à-vis de maître Sanson* ou *le carrosse à trente-six portières* sont accueillis par les lazzis suivants : Ils vont *mettre la tête à la fenêtre, jouer à la main chaude, faire la bascule, essayer la cravate à Capet, éternuer dans le sac, demander l'heure au vasistas, passer au rasoir national (Névrose révolutionnaire,* p. 402.)

Haine du trône et de l'autel

Mais il est un fait horrible et peu connu, croyons-nous, qui suivit immédiatement l'exécution du roi.

Louis XVI, pendant qu'on le liait à la planche de la machine fatale, avait eu le temps et la force de s'écrier : « Peuple, je meurs innocent ! Je pardonne aux auteurs de ma mort ! Je prie Dieu que *mon sang ne retombe pas sur la France !* » *(La mort du Roi,* par P. de Vaissière, p. 132.)

Or, voici la scène affreuse qui, au témoignage d'Éliphas Levi, se déroula dès que la tête fut tombée dans le panier de Sanson : « Après la mort de Louis XVI, au moment même où il venait d'expirer sous la hache de la Révolution, l'homme à la longue barbe — ce juif errant du meurtre et de la vengeance — monta sur l'échafaud devant la foule épouvantée ; il prit du sang royal plein ses deux mains, et le secouant sur la tête du peuple, il dit d'une voix terrible ; « *Peuple français, « je te baptise* AU NOM DE JACQUES *et de la liberté !* » *(Histoire de la Magie,* p. 444)

« Donc le trône aboli, on s'en prit à l'autel. Les églises fermées et dévastées ; les prêtres réduits à trahir leurs serments ; la déesse Raison trônant sous l'emblème vivant d'une prostituée sur l'autel métropolitain de Notre-Dame ; tous les biens ecclésiaux mis sous séquestre et dénaturés : ces choses et mille autres encore ne furent que les premiers effets de la rancune *jacobine!* » (Guaita, p. 317.)

Le Lotus (revue théosophique) a publié en juillet 1887, sous la signature d'un occultiste fort connu, les lignes suivantes qui confirment bien le caractère de vengeance *double* exercée contre la monarchie et contre la papauté : « Quelques-uns (des Templiers) échappent et créent la maçonnerie active politique. Les Chapitres et les aréopages poursuivent leur œuvre en silence. Un jour, un cri retentit : « *Vengeance, Nekam, Nekam !* » le couteau de la guillotine s'abat, une *tête couronnée* roule dans un panier. La moitié de la vengeance de Jacobus Burgondus Molay est accomplie. À quand le prochain coup de canon ? » (Évidemment l'attaque suprême contre la papauté, en haine de Clément V[55].)

---

[55] L'éternel Ennemi de Dieu ne se contente pas, en effet, d'avoir dépouillé le Pape du pouvoir temporel ; non, il veut encore proclamer la déchéance spirituelle de la Papauté.

Mais comment arriver à ce résultat ? La secte a essayé du mensonge, de l'hypocrisie et de l'infiltration ». De cette façon, elle comptait faire parvenir au Pontificat Suprême un prêtre *à elle* ! Elle osait prétendre à la direction (disons mieux à la destruction) de l'Église du Christ!

Une *Instruction Secrète* de la Haute-Vente dit en effet : « Ce que nous devons demander avant tout, ce que nous devons chercher et attendre, comme les Juifs attendent le Messie, c'est un *Pape selon nos besoins* Le Pape, quel qu'il soit, ne viendra jamais aux Sociétés Secrètes : c'est aux Sociétés Secrètes à faire le premier pas vers l'Église afin de les vaincre tous deux... Allez à la jeunesse, au sein du jeune clergé, comme au fond des couvents. Ce jeune clergé gouvernera un jour, il sera appelé à choisir le Pontife qui doit régner, et ce Pontife, comme la plupart de ses contemporains, sera nécessairement plus ou moins imbu des principes que nous allons commencer à mettre en circulation... *Infiltrez* le venin dans les cœurs choisis ; infiltrez-le à petites doses et comme par hasard, dans les collèges, les universités, les *séminaires*... tendez vos filets comme Simon, tendez-les au fond des sacristies, des séminaires et des couvents plutôt qu'au fond de la mer... Vous aurez péché une révolution en tiare et en chape, marchant avec la Croix et la bannière, une révolution qui n'aura besoin que d'être un tout petit peu aiguillonnée pour mettre le feu aux quatre coins du monde. »

Mais voici que Pie X a dénoncé à la Catholicité les sataniques embûches qui lui étaient tendues ; dans sa lumineuse clairvoyance,. Il a compris le terrible danger de ces *infiltrations* maçonniques ; Il a mis notamment sur leurs gardes « ces prêtres vertueux, bien notés, mais crédules et faciles à tromper », que visait spécialement l'*Instruction Secrète*.

Pie X a ainsi déjoué la tactique diabolique des ennemis de l'Église. On comprend dès lors toute la rage et la fureur déchaînées contre le saint Pontife.

Puisque l'hypocrisie et le mensonge traditionnels n'ont pas eu

Ce complot maçonnique mondial, ourdi contre les Papes, n'est-il pas sur le point d'éclater : *l'Action Sociale* de Québec semble le penser. Elle a récemment rappelé que le général et sénateur italien Pelloux avait, dans une lettre publique, dénoncé le chef des conjurés, le F∴ Juif Nathan, maire de Rome ; et elle ajoutait :

Après avoir insisté sur le caractère insolite,

---

raison de la Papauté, on usera maintenant de violence et de haine ouvertes; F∴ Nathan se dressera au Capitole en face du Vatican. Pouvoir contre Pouvoir!

Ils ignorent, ces misérables suppôts des Loges, que le *Roc* de Saint-Pierre fondé par Jésus-Christ est de taille à réduire en poudre tous les *blocs* sataniques lancés contre la Pierre fondamentale de la Catholicité.

Ils seront disparus à jamais, que la Papauté continuera toujours à éclairer le monde.

La Roche Tarpéienne, ô Nathan ! n'est pas loin du Capitole !

Les larmes du saint Pontife qui, à l'heure actuelle, souffre mille angoisses, retombent sur l'Église, comme une rosée bienfaisante et fertilisante. Tel le sang des martyrs, elles présagent à l'heure de Dieu une moisson magnifique.

insolent, du speech officiel de Nathan, le 30 septembre 1910, premier acte du complot, — ayant pour but, si le gouvernement gardait le silence, de montrer qu'il en est le complice passif — le général écrivait :

« Nous sommes à la veille des grandes fêtes nationales, destinées à commémorer le cinquantenaire de la proclamation de Rome « capitale de l'Italie-Une ».

« Quand on pense que pas une parole de blâme n'est venue *de qui devait la dire* pour les regrettables incartades qui ont tant alarmé non seulement les catholiques, mais tous les hommes d'ordre, tous ceux qui ne veulent pas, ne toléreraient pas *que les Factions* (lisez : la Secte judaïco-maçonnique) *se substituent au gouvernement !...*

« *... Ce silence obstiné et peureux ne se peut*

interpréter autrement que comme une véritable faiblesse, un manque absolu d'énergie et de courage civique de la part du gouvernement...

« ... Rien de rien n'ayant été fait, *le gouvernement s'est donc rendu coupable de connivence, je dirai même de complicité,* dans tout ce qui est arrivé... »

L'Action sociale ajoute très justement : *et dans tout ce qui se prépare !*

Or, ce qui se prépare, c'est *un coup de force contre le Vatican, pour en expulser Pie X, ou en faire un martyr sur place, le cas échéant, à moins que le Pape ne quitte Rome comme Pie IX, en 1848...*

La Croix de Montréal cite, dans la lettre du général Pelloux, un passage qui dénonce carrément la chose :

« *Les anticléricaux et leurs amis rêvent de*

*transformer les fêtes de Rome, en 1911, en une
grande manifestation* (contre Pie X), *de manière
qu'elle constituerait la fin de l'état de choses
actuel.*»[56]

Enfin, dans la *Croix* de Paris du 9 mars, Cyr
s'exprimait en ces termes :

« Samedi dernier, notre excellent confrère de
Bruxelles, le *XXᵉ Siècle,* publiait un document
inédit mettant au grand jour les projets
audacieux de la secte.

Dans un pathos grotesque et qui authentique,
par sa grandiloquence boursouflée, l'origine de
ce document, le délégué italien au Congrès
international de la libre-pensée, réuni à
Bruxelles en août dernier, annonçait à
l'assemblée le projet de « constituer en face de

---

[56] Cité dans *France d'Hier et France de demain,* mars 1911.

Saint-Pierre le siège mondial de la libre-pensée ».

Nous comptons, disait l'orateur, élever en 1911 cette maison, *dès maintenant décrétée,* qui sera l'emblème de la guerre aux superstitions et aux inquisitions, et qui rappellera dignement la mémoire de la dernière victime connue, Francisco Ferrer (!)

Dans ce siège, grâce à vos cotisations, nous abriterons l'*école laïque* créée selon l'idée de la victime des Jésuites espagnols (!); nous créerons un *musée* de souvenirs sacrés, propres à rappeler aux présents et aux futurs les iniquités des pontifes romains, des prêtres et de toutes les catégories de leurs acolytes ; nous donnerons l'*hospitalité* aux conférenciers et aux propagandistes de vertu laïque...

Voilà leur dernier projet. »

Évidemment, nous sommes en face d'une conspiration ayant pour but de rendre plus insupportable encore, de rendre impossible le séjour à Rome du Vicaire de Jésus-Christ.

Serions-nous donc sur le point d'entendre le second « *coup de canon* » ?...

CONCLUSION

Ce coup d'œil d'ensemble sur les événements de la période révolutionnaire, envisagés à un point de vue spécial, qui semble effrayer la plupart des historiens, nous amène à cette conclusion, celle même de M. Talmeyr, à l'issue de sa très intéressante étude *(La Franc-Maçonnerie et la Révolution française)* : « Nous voyons que l'histoire de la Révolution est à faire et que nous ne la savons pas, que nous n'en savons rien. »

Éliphas Levi n'a pas craint de l'écrire :

« Le nœud terrible de 93 est encore caché dans le sanctuaire le plus obscur des sociétés secrètes. Le grand arcane resta (en 1793) plus inconnu que jamais. Les adeptes neutralisés (par divergences de vues) se condamnèrent donc mutuellement comme traîtres et se vouèrent les uns les autres à l'exil, au suicide, au poignard et à l'échafaud. » *(Dogme de la haute magie,* p. 324.)

Mais, en attendant que les derniers mystères soient éclaircis, nous nous demanderons en finissant : Qu'est-ce donc que la Révolution ? C'est avant tout une hérésie, comme l'arianisme, comme le pélagianisme, comme toutes les grandes hérésies ; c'est, contre l'Église du Christ, l'arme nouvelle de l'antique ennemi incarné dans une secte.[57] Cette moderne hérésie disparaîtra, comme celles qui l'ont précédée, sous les foudres de l'Église.

M. de Tocqueville s'est grandement abusé

---

[57] « À notre époque, les fauteurs du mal paraissent s'être coalisés dans un immense effort sous l'impulsion et avec l'aide d'une société répandue en un grand nombre de lieux, la société des F∴ M∴ » (Encyclique *Humanum genus.)*

lorsqu'il a vu dans la guerre à la religion un simple incident de la Révolution, « un trait saillant et pourtant fugitif de sa physionomie, un produit passager des idées, des passions, des faits particuliers qui l'ont précédée et préparée, et non son génie propre ».

C'est là une grave erreur. La Révolution, œuvre de la Franc-Maçonnerie, perpétuée depuis plus d'un siècle par cette société secrète, est essentiellement et absolument antireligieuse.

M. de Maistre l'avait bien jugée : « La Révolution est satanique. » On ne saurait mieux dire.

Dans la seconde partie de son ouvrage : l'*Histoire de la République (1876–1879),* qui vient de paraître, M. de Marcère a eu le courage de dénoncer hautement le « virus » révolutionnaire et son agent de propagation : la

Franc-Maçonnerie.

« D'où vient donc, écrit-il, que notre terre de France est le théâtre d'une sorte de trépidations périodiques ; et que l'ordre social y est à l'état de déliquescence ? Il y a donc dans cette nation, si bien douée pour la vie, un germe de maladie qui, pour les sociétés comme pour les hommes, peut être un germe de mort ? Oui ; et ce virus a un nom. Il s'appelle *la Révolution.* Mais ce qu'on doit entendre par ce mot *Révolution,* ce n'est pas un de ces mouvements de politique intérieure qui produisent accidentellement des modifications plus ou moins importantes dans l'État. J'entends par *Révolution* une véritable convulsion sociale, et pour dire le mot, un renversement complet de la civilisation française... un changement radical dans ce qui fait l'essence de la civilisation, c'est-à-dire dans les rapports de l'humanité avec Dieu même...

« La conspiration qui s'attache à la civilisation chrétienne, et, en particulier à la nation française, *cette conspiration demeurée pendant si longtemps secrète, a pris dans ces derniers temps son vrai nom et sa vraie figure : c'est la Franc-Maçonnerie.* »

« *Peuple français, je te baptise au nom de* JACQUES *et de la liberté*[58] » La trace de ce

---

[58] M. Pierre de Vaissière, dans son livre tout récent (avril 1910), *La mort du Roi,* rapporte, aussitôt l'exécution accomplie, la ruée de la foule vers l'échafaud afin de recueillir quelques gouttes de sang de la victime. Les uns « se frottent les mains dans le sang répandu sous l'échafaud », d'autres plongent dans la boue sanglante leurs piques et leurs sabres ; le porte-drapeau des fédérés de Marseille essuie la guillotine avec son étendard ; quelques-uns goûtent ce sang et « le trouvent bougrement salé » ; certains s'en barbouillent le visage ! M. de Vaissière rapporte aussi le baptême de sang raconté par Éliphas Lévi : « Un jacobin monte sur l'échafaud, passe sa main sur la guillotine, la retire pleine de sang et *en asperge la foule.* « Les rois, gueule-t-il, ont dit : « Si vous faites « mourir votre souverain, son sang retombera sur vos têtes. » Eh bien, la prédiction est accomplie ! » — » Du

baptême fantastique et sacrilège, accompli avec du sang royal encore chaud, suivant le récit d'Éliphas Levi, est demeurée gravée au front de la France. Nouvelle Macbeth, elle en conserve, pour son malheur, les marques indélébiles. Un pacte nouveau : la *consécration* demandée, effacera enfin ces stigmates d'infamie et notre patrie, régénérée dans les eaux d'un nouveau baptême, retrouvera, avec sa foi séculaire, les glorieuses traditions de nos pères.

---

sang d'un despote « nous avons soif, réplique un autre ; le sang de Capet est de « *l'eau bénite.* » Et la foule bat des mains » (p. 136). Horrible délire des foules fanatisées par quelques *brigands* initiés des arrière-Loges.

ÉPILOGUE

La vocation de la France

La France a une vocation, une mission providentielle.

Depuis le pacte de Tolbiac et de Reims, elle est la nation très chrétienne, la Fille aînée de l'Église, le soldat de Dieu.

Au baptistère de Reims, c'est la France elle-même qui reçoit l'onction sainte faite avec le liquide mystérieux et précieux de la Sainte-Ampoule apportée par une colombe, descendue du ciel.

À Clovis, penché sur les Fonts baptismaux, saint Remy l'explique dans une exhortation prophétique : « Apprenez, mon fils, que le royaume de France est prédestiné par Dieu à la défense de l'Église romaine, qui est la seule véritable Église de Jésus-Christ. Ce royaume sera un jour grand entre tous les royaumes de la terre ; il embrassera toutes les limites de l'empire romain et soumettra tous les autres royaumes à son sceptre. Il *durera jusqu'à la fin des temps. Il sera victorieux et prospère tant qu'il restera fidèle à la foi romaine, mais il sera rudement châtié toutes les fois qu'il sera infidèle à sa vocation.* » Et dans son testament, que Pie X, le 13 décembre 1908, appelait un *trésor*, saint Remy développe la pensée suivante : « À cette race royale que j'ai choisie, baptisée, sacrée pour régner jusqu'à la fin des temps, à l'honneur de l'Église, pour la défense des pauvres, *gloire et prospérité si elle est fidèle, honte et malédiction si elle ne l'est pas.* »

Au XVe siècle, la France est « rudement châtiée » ; mais un envoyé du Ciel paraît : Jeanne d'Arc, à Chinon (1429), adresse au roi cette prière étrange : « Sire, daignez me faire un présent ; donnez-moi le royaume de France. » Le roi, surpris, réfléchit un instant et accorde ce cadeau à Jeanne. La Pucelle l'accepte et fait dresser l'acte de donation par les quatre secrétaires de Charles VII.

« Le roi en est un peu ébahi, et Jeanne, en le montrant à l'assistance, tient ce propos : « Voilà le plus pauvre chevalier de son royaume ! »

« Presque en même temps, par devant les mêmes notaires, *elle livre au Dieu Tout-Puissant le royaume de France qu'elle venait de recevoir en don.*

« Puis au bout d'un instant, obéissant à un ordre de Dieu, *elle investit le roi Charles du royaume de France,* et, de tout cela, elle fait dresser un acte solennel. »[59]

La Bienheureuse venait de renouveler l'alliance du Christ et de la Patrie Française conclue à Reims. Dieu était proclamé le vrai Roi de France ; Charles VII n'en était plus que le lieutenant.

Jeanne d'Arc, inspirée, avait distingué que la honte et la malédiction abattues sur la France étaient le résultat de son infidélité. « Je ne sais, disait-elle le 17 mars 1431, si Dieu haïssait les Français, je crois plutôt que Dieu voulait les faire battre pour leurs péchés, s'il y étaient. »

Mais voici Louis XIV dans tout l'éclat de sa

---

[59] *Jeanne d'Arc et la Monarchie,* par l'abbé Vial, p. 155.

puissance : apogée de nos gloires, hélas ! aussi, débuts de nos décadences, aurore du philosophisme et de toutes les hérésies modernes. Le Roi du Ciel et de la France rappelle encore à son *Fils aîné* le pacte de Reims ; Il veut le soustraire à « l'abîme de perdition ! » « Fais savoir au fils aîné de mon Sacré-Cœur (parlant de notre roi, Louis XIV) que, comme sa naissance temporelle a été obtenue par la dévotion aux mérites de ma sainte Enfance, de même il obtiendra sa naissance de grâce et de gloire éternelle, par *la consécration* qu'il fera de lui-même à mon Cœur adorable, qui veut triompher du sien, et par son entremise, de celui des grands de la terre.

Il veut régner dans son palais, être peint dans ses étendards et gravé dans ses armes, pour les rendre victorieuses de tous ses ennemis, en abattant à ses pieds ces têtes orgueilleuses et superbes, pour le rendre triomphant de tous les ennemis de la sainte Église. » Hélas ! Louis XIV mourut sans avoir répondu à l'appel divin !

Mais, après saint Remy, le Sacré-Cœur l'avait rappelé encore au monde : La France a une mission providentielle à remplir et elle sera grande à travers les temps, en proportion de sa fidélité à observer le pacte divin.

Les Papes ont reconnu cette vocation de notre Patrie : Pelage II, saint Etienne, Innocent III, Grégoire IX en particulier l'ont proclamée. Ce dernier écrivait à saint Louis : « Le Rédempteur a choisi le royaume de France comme l'exécuteur de ses divines volontés. » Et Léon XIII rappelait dans la lettre *Nobilissima Gallorum gens* que les Francs ont toujours été « les aides de la Providence elle-même », *gesta Dei per Francos.*

Nous n'avons donc pas le droit de douter de la prédestination de notre pays, et de nous laisser aller à pleurer les bras croisés, comme des lâches, sur sa fin prochaine.

D'ailleurs, la Bienheureuse Jeanne d'Arc elle-même nous incite à l'espérance, nous provoque à l'action. En effet, dans la revue *O Salularis* (n° de juillet 1903) M. le Chanoine Coubé nous indiquait magnifiquement —- au témoignage de Jeanne — les raisons, les certitudes que nous avons de ne pas désespérer de la France.

Jeanne d'Arc, écrivait-il, a fait des prophéties qui ont toutes été réalisées. Or, Jeanne a prédit que la France accomplirait un jour pour le salut de la chrétienté un exploit grandiose qui dépasserait tout ce que l'univers a vu jusqu'ici. Le monde sera donc un jour le témoin de cette entreprise merveilleuse qui surpassera les Croisades et Lépante. Et pour l'accomplir, il faut bien que la France se relève et reprenne sa noble épée de Dieu !

Notre Patrie tient de son baptême miraculeux, du pacte de Reims, une nature d'apôtre. Elle a jadis entraîné les peuples aux Lieux-Saints, elle a écrasé ou combattu toutes les hérésies. Depuis deux cents ans, hélas ! son besoin d'apostolat s'exerce eh vue de la propagation de Terreur, de l'irréligion, de la haine sectaire, du scandale éclatant, de l'athéisme universel, en un mot de la Révolution maçonnique, dont elle est le foyer mondial.

En s'écartant de ses voies prédestinées, elle court, elle se précipite à l'abîme. La France « se dissout », entendons-nous proclamer, la France « meurt » de son régime « abject ». « Cela sent le pourri ! »

Le P. Lacordaire, embrassant de son regard

d'aigle la carrière merveilleuse de notre Patrie depuis son berceau, a prononcé cette phrase profonde et si vraie, effrayante prédiction, commentaire du discours de saint Remy : « Si l'Évangile et la patrie se séparaient enfin, c'en serait fait de nous, parce que c'en serait fait de notre caractère national. La France ne serait plus qu'un lion mort et on la traînerait, la corde au cou, aux gémonies de l'histoire. »

Les événements contemporains, le spectacle de notre déchéance actuelle confirment d'une façon remarquable le testament de saint Remy. Les penseurs n'ont pas manqué d'être frappés par cette concordance étonnante de notre grandeur dans la foi et de notre décadence dans l'apostasie. « Dieu protège la France » quand elle est fidèle, mais Il l'abandonne, « Il n'aime plus les Francs », Il retire son bras protecteur, lorsque ses fils de prédilection le renient, effacent son image et son nom de partout, jusque sur les pièces de monnaie ! Dans les *Considérations sur la France,* J. de Maistre le constatait à son tour : « Chaque nation, comme chaque individu, a une mission qu'elle doit remplir... Le châtiment des Français sort de toutes les règles ordinaires, et la protection accordée à la France en sort aussi ; mais ces deux prodiges réunis se multiplient l'un par l'autre et présentent un des spectacles les plus étonnants que l'œil humain ait jamais contemplés. »

Cependant, malgré l'apostasie nationale, la France catholique n'est pas morte ; une sève surnaturelle monte en elle, obscurément peut-être encore, mais réellement. « Nous fondons, disait Léon XIII, en 1879, sur ces mérites et ces vertus (de la vie catholique française) nos plus belles espérances pour l'avenir de votre nation, le bon Dieu n'abandonnera pas un peuple qui ne se lasse pas de donner au monde de si éclatants témoignages de fidélité à son Église. » Et, le 18 avril 1893, le même Pontife disait : « Oui, nous aimons la France et nous avons la confiance, qu'avec l'aide de Dieu, elle continuera à justifier son beau titre de Fille aînée de l'Église. »

La Révolution — a-t-on dit — qui a commencé par la proclamation des droits de l'homme ne finira que par la proclamation des *droits de Dieu !*

Or, c'est à la France que le Sacré-Cœur s'est adressé à maintes reprises pour lui demander de proclamer ses *droits* en se *consacrant* à Lui. Il y régnera malgré Satan et ses suppôts, déchaînés sous nos yeux. À ce prix seulement, notre patrie sera *victorieuse de tous ses ennemis.*

Quel chrétien hésiterait donc à reconnaître cette mission providentielle de la France ?

C'est au peuple qui a propagé à travers le monde les droits de l'homme, qu'il appartient de réparer le mal causé par lui.

Rentrant dans ses voies traditionnelles, redevenue l'apôtre de l'Idéal et de la Vérité, la France devra de nouveau, comme à Reims, « *brûler ce qu'elle a adoré, adorer ce qu'elle a brûlé* », et cela, solennellement, à la face du monde entier, qu'elle illuminera de sa lumière, « abattant à ses pieds ces têtes orgueilleuses et superbes, rendue triomphante de tous les ennemis de la sainte Église ».

Grande entre toutes les nations, apôtre des *Droits de Dieu,* telle est la vocation de la France : les promesses divines sont imprescriptibles !

www.ingramcontent.com/pod-product-compliance
Lightning Source LLC
Chambersburg PA
CBHW072237270326
41930CB00010B/2159